중세의 뒷골목 사랑

중세의 뒷골목 사랑

Liebesgeschichten aus den Hintergassen des mittelalterlichen Europas

사랑과 결혼, 의식주를 통해 본 중세 유럽의 풍속사

양태자(비교종교학 박사) 지음

| 작가의 말 |

게르만의 풍속과 그리스도교의 전래

 지난번에 출간한 필자의 책 『중세의 뒷골목 풍경-유랑악사에서 사형집행인까지, 중세 유럽 비주류인생의 풍속 기행』을 읽은 독자들의 반응이 궁금하다. 중세 유럽사를 중·고등학교에서 배웠겠지만 이런 '뒷골목의 이야기'는 좀 예외적이었을 것이라고 생각한다. 본토인 유럽(특히 독일)에서는 아직도 중세의 이야기가 무궁무진하게 쏟아져 나오고 있다. 1000년의 세월 동안 중세 유럽의 강과 산이 수차례 바뀐 것처럼 그들의 풍속과 관습도 생겼다 사라졌다를 반복했을 것이니, 그 세월 속에 무궁무진한 이야기가 녹아 있는 것은 당연한 일일 것이다.

～

 이번 책은 『중세의 뒷골목 사랑』이라는 책 제목 그대로 중세인의 성과 사랑을 주요 테마로 다루고 있다. 누구나 잘 알고 있는 사랑과 결혼, 성이지만 이것을 책의 테마로 정한 이유는, 중세의 성과 사랑의 풍속이 이 시대의 눈으로 봤을 때 무척 기이하기 때문이다. 또한 결혼과 성은 인간사를 지탱하는 생명줄의 가장 중요한 요소이므로, 여기서 비롯된 이야기와 해석을 독자들에게 소개하고 싶었다.

1000년 간 중세 사람들은 사랑과 결혼, 성을 어떤 모습으로 풀어 나갔을까? 먼저 몇 가지 결혼 유형을 설명하면서 그런 유형의 예를 중간에 부설Exkurs로 넣었다. 예를 들면 독일 학자 스피쓰Spiess가 연구한 자료를 바탕으로, 이들이 혼례 때 계란 194,345개, 오리 11,500마리, 닭 4,000마리, 양과 염소 3,295마리, 돼지 969마리로 벌인 잔치를 소개하는 식이다. 귀족들의 잔치였지만 낮은 계급의 생활상과 대비하여 중세인의 생활상을 들여다볼 수 있는 좋은 표본이라고 생각해서 첨가한 것이다. 다른 예들도 마찬가지이다. 카롤링거 왕조의 샤를마뉴Charlemagne의 딸 베르타Bertha의 글을 넣은 것은 그녀의 글 속에 샤를마뉴의 생활과 함께 당시의 시대상이 생생하게 그려져 있어서 중세의 생활을 알아볼 수 있는 좋은 자료라고 생각했기 때문이다.

게르만족의 풍속은 주로 1780년과 1860년, 1900년도의 자료를 참고하였다. 이런 자료 중에는 라틴어가 아닌 고어古語체로 발행한 글도 있었는데 필체가 지금과 다르기 때문에 스펠링을 하나하나 해독하며 읽어야 했다. 주로 기이한 5월의 축제 이야기를 이런 자료에서 얻었다. 그 외에도 하객에게 스타킹을 잘라서 나누어 주었던 결혼식, 합법적인 결혼으로 인정받기 위해서 신랑신부가 하객들이 보는 앞에서 침대에 오르는 모습, 이들이 초야를 치르는 동안 하객들이 밖에서 기다리는 풍속도 소개했다. 다음은 신부가 진짜 신랑 없이 치르는 '대리 결혼'의 사례를 조사했다. 대리 신랑과 함께 침대에 누워서 첫날밤을 보내야 했다면 그 방법은 어떠했는지, 또 영주의 남자 종이 결혼할 때 신부의 첫날밤을 왜 영주에게 바쳤는지도 조사했다. 다음 단락에서는 중세의 술 문화와 도박, 옷, 장례식 문화를 살펴보았고, '죽음의 춤'이라는 중세의 문화도 넣었다.

필자의 또 다른 관심은 중세의 '저급 직업군'과 '비주류 인생'의 삶이다. 이들의 상세한 삶을 조명하려고 했지만 이 또한 너무나 방대한 자료이다 보니 이 책의 한 귀퉁이에 모두 담을 수 없었다. 고민 끝에 '저급 직업군'과 '비주류 인생의 자취가 남아 있는 독일 성씨姓氏'들만을 조사하기로 했다. 이들 저급 직업군의 성씨 역시 성과 사랑이라는 밧줄로 지금까지 후손들에게 이어지고 있으며, 당시의 문화를 엿볼 수 있는 귀중한 자료라는 생각에서였다. 여배우 로미 슈나이더Schneider, 독일 대통령을 지낸 바이체커Weizsacker, 음악가 바그너Wagner, 친구들과 춤추러 갔다가 우연히 발탁되어 하루아침에 세계적인 톱모델이 된 클라우디아 쉬퍼Schiffer, 유명 정치가 요시카 피셔Fischer, 자동차 경주왕 슈마허Schumacher, 축구선수 칸Kahn 등은 우리의 속담으로 치면 '개천에서 용된' 케이스이다. 이들의 조상들이 중세의 '저급 직업군'에 속했기 때문이다.

자료는 나우만Naumann 교수의 저서에 나오는 9500개의 독일 성씨, 고트살트Gottschalt의 저서에 나오는 2만개의 성씨, 그리고 마르부르크 시의 전화번호부를 참고로 하였다. 성씨에 관심을 갖다 보니 공동묘지를 산책하면서 비석에 새겨진 특이한 이름을 찾거나 독일 집의 문패를 쳐다보는 버릇이 생겼다. 필자는 특이한 이름이 나오면 기록을 하였는데(또 특이한 것은 번지였다. 예를 들어 50번지 다음에 51번지가 아니고 50과 2분의 1번지가 있다는 사실이다) 이렇게 자료를 조사하다 보니 단지 '저급 직업군'에만 머물 수가 없었다. 특이하고 재미있는 독일의 성씨들이 수두룩했기 때문에 이 책에 함께 언급하기로 했다.

처음에는 9500개의 성을 연구한 나우만 교수의 자료만 참고했는데, 인터넷으로 들어간 마르부르크 대학 도서관 자료실에서 그보다 더 방대한 자료를 발견했다. 2만개의 성씨를 다룬 막스 고트살트의 저서였다. 필자는 이 책을 열람하기 위해 시 문서실로 갔다. 책 한 권 열람하는데 기록해야 할 것들이 왜 그리 많은지, 이름과 주소는 기본이고 어떤 목적으로 이 책을 사용하는지, 책을 발간하기 위해서인지, 논문 자료 수집인지 등등 빈칸이 끝도 없었다. 자질구레한 부분을 다 채우고 난 뒤 1시간을 기다려 책을 열람할 수 있었다.

필자는 열람실에 앉아서 A-Z까지 저급인생들의 성은 물론 기이한 성씨들을 기록했다. 죽음Tod이라는 단어가 들어간 이름은 Tod(e), Todekino라는 식인데, 사전적인 의미는 각각 '죽음'과 '죽음의 영화(관)'이다. 하지만 다른 뜻을 사전적으로 첨가하면 '죽은 키노(키노 나무의 수액을 건조시킨 것)'라고 해석할 수 있다. 성씨에 이런 '죽음'의 뜻이 포함돼 있다는 것이 놀라웠다. 마침 필자의 옆에서는 머리가 허옇게 센 노학자가 열심히 고문서 책장을 넘기고 있었다. 필자는 아주 작은 소리로 이분께 물었다. "혹시 이런 독일 성씨를 아십니까?" 의아한 표정을 짓는 것으로 봐서는 필자가 물어본 이름이 특이하다는 것을 알 수 있었다. 하지만 고트살트의 저서에 나왔으니 분명 존재한 성씨임이 분명했다.

허리가 아프고 다리가 불편하기에 시계를 보았더니 그 사이 네 시간이 흘렀다. 책 신청 후 기다린 시간까지 포함하면 다섯 시간을 넘게 투자한 셈이었다. 책 반납 후 필자는 메모한 자료를 들고 열람실을 나왔다. 아까 그 노학자가 휴게실에서 앉아서 한 잔의 커피를 마시며, 집에서 가지고 온 빵을 부스럭거리며 먹고 있었다. 노학자는 필자를 보더니 그 성씨가 이탈리아에서 넘어온 것이 아니겠느냐며 아는 체를 했다. 구체적으로 묻고 싶었지만 그가 이미 자신의 책을 펼친 상태였으므로 방해가 될까봐 더 이상의 언급은 피하고 "안녕히Tschuess"라는 인사를 하고 계단을 내려왔다.

∽

사실 지난번 책 출간 이후 아쉬움이 많았다. 충분한 넓이였지만 깊이 부족을 느꼈기 때문이다. 독자에게 많은 것을 보여줄 욕심으로 식당에 많은 가짓수의 음식과 반찬을 내놓았다는 생각이 들었다. 한국에서의 첫 책인지라 독자에게 이것저것 알리고 싶은 마음이 앞섰기 때문일 것이다.

첫 책을 출간한 이후 독일에 체류하면서 자료를 더 모았다. 지금까지 모은 자료는 '중세' 자료만으로도 850권이 넘는다. 필자가 독일에서 모은 책은 세 가지로 분류할 수 있다. 첫 번째는 방대한 '논문' 자료이다. 논문에 필요한 자료는 책을 사거나 복사를 했는데 외국인이다 보니 어쩔 수 없이 '자기 책'이 필요했다. 다만 사지도 못하고 복사할 수도 없는 책은 도서관에서 빌려 그 자리에서 읽고 메모 후 돌려주었다. 두 번째는 독일에서 은사인 클레어 박사님으로부터 '물려받은' 종교와 신학 책인데, 너무 많은 책을 물려받은지라 책 놓을 공간이 모자라서 애를 먹었다. 하는 수 없이 생각한 것이 제삼자에게 그 책을 공짜로 가져가게 하는 방법이었다. 이렇게 하면 책을 가져간 이는 책을 팔아서 이득을 보고, 필자는 책장을 비우기 위해 수고를 하지 않아도 된다고 생각했다. 세 번째는 최근 몇 년간 모은 '중세' 자료이다. 사실 세 가지 유형의 책을 합치면 몇천 권이 될 것이다(그래도 공간이 모자라 책을 넣은 수십 개의 박스를 독일 집 지하실에 저장하고 있다).

지금 생각하면 안타까운 것은 당시 책이 너무 많아서 저장할 공간을 찾느라 그 많은 책을 공짜로 넘겼다는 점이다. 이후 필자가 새로 산 자료 중에는 당시 공짜로 건넨 책들이 다수 들어 있을 것이 분명하기 때문이다. 당시는 독일 생활의 초·중반기였기 때문에 책을 보는 깊이와 넓이에 대한 안목이 지금과 같지 않았다. 누군가가 이런 이야기를 했는데 깊이 공감한다. "아는 만큼만 보이고, 아는 만큼만 사랑하게 된다."

남은 일은 이 자료를 가지고 쓰는 것이었다. 풍부한 자료를 가졌는데 무슨 이야기인들 풀어내지 못하겠는가? 필자는 그간 독일에서의 연구와 22년간 체득한 유럽 문화를 바탕으로 역량이 닿는 데까지 중세 유럽 문화사를 계속 쓰고 싶은 바람이다. 기회가 닿는 대로 학문적인 바탕인 전문성과, 쉽게 읽을 수 있는 대중성을 지닌 책을 함께 써나가고 싶다. 여기서 그치지 않고 독일 생활의 체험을 바탕으로 생생한 현장성을 가미할 계획이다. 사실 지금 소유하고 있는 독일 자료들 중 한국 독자에게 알릴 내용들이 너무나 많다. 지난번 책이 나왔을 때 인터뷰에서도 "앞으로 33권의 책을 풀어내고자 한다"고 밝힌 적이 있는데 독일에서 3권, 한국에서 1권을 냈으니 이번 책은 벌써 다섯 번째의 책이 되는 셈이다.

마지막으로 중세 유럽에 대한 글을 읽을 때 독자들이 염두에 두어야 할 사항을 언급하고 싶다. 조선시대 500년간 시대마다 지방마다 다양한 풍속이 나타났음을 우리는 잘 알고 있다. 그런데 그보다 몇십 배 땅덩어리가 큰 유럽에서, 그리고 1000년의 세월 동안 얼마나 다양한 풍속이 생겼다 사라졌다를 반복했겠는가? 그 점을 염두에 두고 중세 유럽사를 봐주었으면 한다.

특히 그리스도교로의 개종이 유럽 남부보다 상대적으로 느렸던 게르만족 안에서는 북유럽 토착 문화가 더 오래 보존되었다는 점을 기억해야 할 것이다. 그 반면에 남쪽, 특히 로마 같은 곳은 북쪽보다 일찍 그리스도교로 개종하였기 때문에 북유럽의 전통보다는 그리스도교의 전통이 더 강하게 남아 있다. 북유럽은 게르만족의 옛 풍속이 오래도록 남아 있었지만 북유럽에 비해 남유럽은 일찍부터 교회의 권위에 눌리다 보니 민간풍속도 그리스도교 풍속과 뒤엉켜 특이한 형태로 이어져 오게 되었다.

다시 말하면 중세 유럽의 초기(500~1050년), 중기(1050~1250년), 후기(1200~1500/1700년)의 모습이 각기 다르다는 점, 크고 넓은 영토에서 다양한 문화가 각기 다양한 모습으로 발전해 왔다는 점, 그리고 시대마다 지방마다 풍속이 다르다는 것을 염두에 두고 이 책을 읽기를 바란다.

2012년 8월
양태자

| 차례 |

작가의 말 | 게르만의 풍속과 그리스도교의 전래 4

1장 합법적 결혼 동맹, 문트 결혼
집안끼리 결혼 동맹을 맺다 16
연극 무대에 오른 신랑신부 24
중세의 결혼식은 마을 축제 29
신부의 지참금과 '아침선물' 33
장미의 기적을 보여준 엘리자베스 36
결혼 장사와 결혼 흥정 41
결혼했으면 자식을 낳으라 45
여류작가 크리스틴 드 피장 48

2장 프리델 결혼, 사랑은 얻고 권리는 포기하다
디안 드 푸아티에와 퐁파두르 55
이중결혼을 옹호한 루터의 해괴한 논리 64
메로빙거와 카롤링거 왕조 시대의 결혼 66
베르타가 전하는 샤를마뉴 가족 이야기 69

3장 중세의 연애와 구혼 풍속
'찾아가는 밤'의 풍속 86
도시로 전파된 결혼 문화 92
이웃 간의 상부상조, '결혼을 도와주는 남자' 97
신부의 첫날밤을 영주에게 바치다 100
귀족들 사이에서 유행한 결혼 풍속 105
'대리 결혼'은 결혼과 약혼의 중간 형태 110
이혼할 때는 교회법을 따르다 115

4장 중세의 성 문화와 결혼식 풍경
성애를 위한 마법의 재료들 122
신랑감을 찾는 처방과 '첫날밤의 물고기' 132

허례허식을 막기 위한 각종 규제들 139
결혼 마차, 결혼 케이크, 결혼 화환 143
'뉘른베르크의 잔'과 면사포 춤 146
신혼 첫날밤의 닭고기 150
교회가 간섭하기 시작하다 154
『작센슈피겔』법전에 기록된 벌금형 160
유대인의 전통과 벌거벗은 몸 166
힐데가르트 수녀의 수태지침서 170
여자들이 재혼하기 위해서는 177
시대마다 다른 중세의 풍속 180

5장 중세의 유행과 종교적 삶

단추의 발명과 '떼었다 붙였다 하는 팔소매' 186
사치스러운 옷을 금지하다 190

깨끗한 손과 손톱은 최고의 미의 기준 197
뾰족부리 신발과 남자들의 옷 199
신분에 따라 다른 옷 색깔 202
중세의 도박 문화 209
중세의 술 문화 215
평민의 장례 문화 224
귀족의 장례 문화 229
죽음의 춤 243

부록 독일의 성씨에 남아 있는 중세의 직업군

독일 유명인들의 성씨를 거슬러 올라가면 254
독일의 재미있는 성씨 258
-출신 지방에 따른 성씨/직업에 따른 성씨/몸 모양을 나타내는 성씨/성격, 습관, 감정, 인명을 표현하는 성씨/숫자가 들어 있는 성씨/돼지 또는 음식과 관련된 성씨/맥주와 관련된 성씨/계절과 날씨와 관련된 성씨/동물이나 식물과 관련된 성씨/책에 나열된 나머지 기이한 성씨

글을 마치면서 | 중세의 종교와 인간 268
참고문헌 269

1장

합법적 결혼 동맹, 문트 결혼

문트 결혼은, 남녀 간의 사랑으로 맺어진 결혼이 아니라 가문과 가문 사이의 정치적인 결혼 동맹이었기 때문에 이것을 두고 '결혼 장사'라는 표현을 서슴지 않았다. 공개적인 결혼식을 올린 뒤 증인들이 보는 앞에서 신랑신부가 함께 침대에 올라 첫날밤을 치르고, 결혼식 다음날 신랑이 신부에게 '아침선물'을 주는 것으로 공식적인 결혼 절차를 완성했다. 양쪽 집 중 한쪽이 딸이고 다른 쪽이 아들이라는 조건만 충족하면 되었기 때문에, 나이 차이는 전혀 문제가 되지 않았다.

중세의 결혼 방식은 문트 결혼Muntehe, 프리델 결혼Friedelehe, 캡스 결혼Kebsehe 등으로 크게 나눌 수 있다. 단어의 해석은 아래에서 다시 하기로 하고 우선 뜻을 살펴보기로 하자. 남편이 부인에게 합법적인 지배권을 가진 결혼이 문트 결혼이라면, 프리델 결혼은 남녀간에 사랑으로 이루어진 결혼을 의미한다. 프리델 결혼으로 맺어진 경우 남편은 부인에 대한 지배권을 가질 수 없었고 부인은 합법적인 결혼으로 얻게 되는 권리를 가질 수 없었다. 따라서 둘 사이에 아이가 태어나도 정식으로 상속권을 갖지 못했다. 그래서 중세의 프리델 결혼은 정식으로 결혼한 부인 옆에 두는 정부의 형태로 나타나는 것이 일반적이다. 캡스 결혼은 중세 초기에 나타난 결혼 형태이다. 주로 영주와 종 사이에 이루어진 결혼, 또는 자유인과 비자유인 사이의 결혼으로, 자유인이 원하여 종이나 하녀들과 올린 결혼의 유형이다. 이 책에서는 문트 결혼과 프리델 결혼에 국한하여 살펴보기로 한다.

집안끼리 결혼 동맹을 맺다

화가 잡(JOB, Jacques Onfroy de Bréville, 1858~1931)이 그린 결혼식 그림을 보면 중세의 결혼은 연극 무대 위에 펼쳐진 코미디 같은 느낌으로 다가온다. 그는 1483년 오스트리아의 마르게리타(Marguerite d'Autriche, 마르그리트 도트리슈)의 결혼식을 상상하며 그림

1483년, 세 살배기 공주 오스트리아의 마르게리타가 프랑스의 왕자 샤를 8세와 결혼식을 올리는 그림이다. 몸에 맞지 않는 웨딩드레스를 입고 따라가는 여아를 통해 중세의 정치적인 결혼 장사의 일면을 파악할 수 있다. 화가 JOB의 그림.

을 그렸는데, 그림에서 보면 겨우 세 살 된 신부가 몸도 가누기 힘든 드레스를 입은 채 옷자락을 질질 끌며 늠름한 신랑 뒤를 따라가고 있다. 세 살 된 여아가 아버지 막시밀리안 1세(Maximilian I, 1459~1519)가 정해준 프랑스의 열세 살 난 왕자(루이 11세의 외아들 샤를 8세)와 결혼식을 올리는 장면이다. 이 아이는 어른들이 하라는 대로 신부가 되어 소꿉장난하는 기분으로 신부 의상을 입고 결혼식을 올렸을 것이다. 하지만 이 장면은 소꿉장난이 아닌 중세의 실제 결혼식이었으며 어른들의 욕심에서 나온 정략결혼이었다. 비록 소꿉장난 같은 모습이지만 엄연히 합법적인 '지배권을 가진' 문트 결혼이었기 때문이다.

문트Munt라는 단어는 독일어로 보호, 직권, 권한, 지배권이라는 뜻을 가지고 있다. 에헤Ehe는 결혼이라는 뜻이니 문트 결혼Muntehe을 단어 그대로 풀이하면 '게르만법상의 가부장권, 보호권의 결혼' 내지는 '지배권을 가진 결혼'으로 보면 된다. 말하자면 가부장적인 제도 안에서의 정식 결혼 형태를 뜻한다. 또한 문트 결혼은 결혼하기 전에는 딸에 대한 보호권을 아버지가 가지고 있다가 결혼 후에는 보호권과 지배권을 남편에게 넘기는 결혼이었다. 귀족들의 전유물로 변한 이 문트 결혼에는 갖가지 이야기가 넘쳐난다.

남녀 간의 사랑으로 맺어진 결혼이 아니라 가문과 가문 사이의 정치적인 결혼 동맹이었기 때문에 이런 정치적 동맹을 두고 사학자들은 '결혼 장사Ehehandel'라는 표현을 서슴지 않았다. 이 결혼에서 가장 중요한 것은 두 가문 사이에 오고가는 협상서였다. 협상에 따른 조건을 이행하는 게 무엇보다 우선이었다. 결혼에는 먼저 반지가 오고 갔다. 오늘날의 반지는 결혼에 대한 약속 내지는 부부라는 사실을 나타내는 징표이지만 당시의 반지는 신랑 집과 신부 집이 결혼 회담을 만족스럽게 끝냈다는 표시로 주고받는 일종의 '선불' 개념이었다.

중세의 '결혼 장사'는 당시 양가의 거리가 멀리 떨어져 있었기 때문에 대개 부모가 아들딸의 결혼 상대를 초상화로 미리 선보는 것으로 시작되었다. 이때 초상화 그리는 사람도 괴롭기는 마찬가지였을 것이다. 남자는 실제보다 더 늠름하게, 여자는 더 예쁘게 그려야만 했으니 말이다. 중세에는 '결혼 장사'를 통해 낮은 신분의 귀족은 높은 신분의 귀족과 혼사 맺기를 원했고, 높은 신분의 귀족은 다시 왕족과 혼사를 맺으려고 했다. 장사를 통해서라도 자식들끼리 연을 맺으려고 한 이유는 무엇일까? 이익이 있었기 때문이다. 자식의 결혼을 통해서 집안끼리 연결되면 전쟁을 막을 수도 있었고 영토를 보호하거나 확장할 수도 있었다. 자식의 결혼을 통해서 권력을 거머쥔 이야기는 지금도 많이 전해지고 있다.

1332년 영국에서 태어난 이사벨 공주의 예를 들어보자. 아버지 에드워드 3세(Edward III, 1312~1377)에 의해 세 살짜리 딸은 브라반트의 한 귀족 아들과 혼인을 했다. 그 다음은 플랑드르의 루트비히와, 그 다음은 보헤미아(뵈멘)의 카를 4세(Karl IV, 독일식으로는 벤첼, 체코식으로는 바츨라프라고도 함. 1316~1378)와 결혼했다. 여기서 끝이 아니고 이사벨은 다시 한 번 결혼했기 때문에, 딸을 결혼시키면서 아버지는 막강한 명예와 권력을 챙길 수 있었다.

'결혼 장사'는 아직 태어나지도 않은 뱃속 아기인 경우에도 해당되었다. 아이가 태어나기 전에 부모들이 미리 사돈을 맺는 것인데, 양쪽 집 중 한쪽이 딸이고 다른 쪽이 아들이라는 조건만 충족하면 되었다. 나이 차이는 전혀 문제가 되지 않았다. 나이가 세 살이든 서른 살이든 결혼을 통해 나라간 동맹을 맺고 서로 유리한 조건을 주고받으면 그만이었다. 물론 중세 초기-중기-후기로 갈수록 결혼 풍속도 조금씩 달라졌고, 한때는 결혼 연령을 규제하기도 했지만 이런 규정은 현실에 그대로 적용되지는 않았다. 특히 왕족이나 귀족 집안들은 규정을 지키는 경우가 드물었다. 이런 유형의 결혼에서 흘러나온 이야기도 많다. 신랑신부가 혼인을 하기 위해 만났지만 서로 언어가 통하지 않는 경우도 무척 많았으며 이때마다 통역관이 동원되었다고 사학자 레베Lewe 박사는 밝혔다. 어쨌든 이 결혼은 다른 어떤 결혼 유형보다는 합법적인 결혼이었기에 무시할 수는 없었다.

문트 결혼은 장자의 결혼에 큰 관심을 두었다. 당시는 장자 이외에 아들은 가정을 꾸리기 힘들었기 때문이다. 장자 외의 아들이 결혼하면 아버지의 재산이 축났기 때문에 나머지 아들은 결혼시키지 않고 수도원에 보내는 경우가 허다했다. 그렇지 않으면 돈 많은 귀족의 딸과 결혼시켜 사돈집 덕을 보기를 원했다.

중세 중기(1050~1250)와 중세 후기(1250~1500/1700)에는 결혼할 귀족의 아들들이 부족했기 때문에 결혼하지 못한 여자들이 넘쳐났

왕자 시절의 오렌지공 윌리엄과 그의 장래 신부 메리 스튜어트. 반 다이크 그림.

다. 여자들의 숫자가 인플레이션 된 것이다. 여자들의 수가 넘치다 보니 지참금도 덩달아 높아져 갔다. 별 볼일 없는 가난한 귀족 집안에서는 딸을 한 단계 낮은 귀족 아들과 혼인시킬 수밖에 없었는데 이조차 힘들면 딸을 수도원에 보내 버렸다. 결혼 비용과 지참금 때문에 일어난 당시의 사회 현상이었다.

왕이나 귀족 할아버지가 나서서 어린 손녀의 인생을 미리 정해 주는 경우도 있었다. 사제 앞에서 "내 손녀를 신에게 바치겠다"고 선서하면 이 아이는 꼼짝없이 수도원으로 들어가야만 했다. 당시는 귀족이나 왕족, 농부를 막론하고 자식이 스스로 신랑이나 신부를 선택하는 경우가 없었으니 미래의 인생은 부모의 손아귀에 달려 있었다고 해도 과언이 아니다. 물론 예외적인 경우도 더러 있기는 했다.

이런 결혼의 문제점이 드러나자, 교회에서는 법으로 일곱 살 이전에 결혼하는 것을 금지시켰고 신랑신부의 나이 차이도 문제 삼았지만 실제로 적용된 사례는 그리 많지 않았다. 잉글랜드의 헨리 1세의 딸 마틸다(Matilda, 잉글랜드의 마틸다, 1102~1167)처럼 1109년, 그녀 나이 일곱 살 때 열여섯 살 연상의 하인리히 뢰벤(하인리히 5세, 1086~1125)과 약혼했다가 5년 후 결혼한 사례를 도처에서 찾을 수 있기 때문이다.

강압적인 결혼으로 인해 문제가 생기자 결혼은 사제들과 함께 교회에서 올려야 한다는 움직임이 일기 시작했다. 그리고 이때부터 결혼식을 집전하는 성직자가 결혼하는 두 남녀에게 반드시 물어보는 풍습이 생겨났다. 사제가 신랑신부에게 "이 결혼은 두 사람이 원하는 결혼이냐"고 물었을 때 신랑신부가 성직자 앞에서 각각 "예스"라고 답해야 결혼이 성립되었다. 유럽과 그리스도 교회의 결혼을 넘어 지금은 전 세계의 결혼식에서 식순의 하나로 지정돼 있는 전통이 바로 여기에서 출발한 것이다.

하지만 사제 앞에서 결혼 의사를 밝히든 밝히지 않든 아버지로부터 남편에게 보호권이 넘어가는 것은 바뀌지 않았다. 자식들은 다음과 같은 이유가 있을 때만 결혼을 거부할 수 있었다. 즉 결혼하고자 하는 이의 신분이 지나치게 낮을 때, 품행과 소문이 좋지 않을 때, 가족사에 몹쓸 유전병이 있거나 신랑신부 될 이가 경제적으로 지나치게 궁핍할 때에만 결혼을 거부할 수 있었다.

12세기에 들어서면서 교회 결혼이 대세가 되었지만 교회도 결혼 장사의 풍속을 완전히 없애지는 않았다. 남녀가 사랑으로 결혼한다고 해도 부모들이 허락하지 않으면 허사였기 때문이다. 이런 이야기들은 역사적인 기록으로 남아서 후세인들에게 재미있는 문화사 연구거리를 제공하고 있다. 하기야 모든 이들이 똑같이 살다가 똑같이 죽어 버렸다면 사학자들도 기록할 거리가 없을 것이다.

정리하면 문트 결혼은 다음과 같은 절차로 치러졌다. 첫째, 먼저 공개적인 결혼식을 올린다. 둘째, (집으로 데려가) 증인들이 보는 앞에서 침대에 올라 첫날밤을 치른다. 셋째, 그 다음날 신랑이 신부에게 '아침선물'을 준다는 세 가지였다.

연극 무대에 오른 신랑신부

결혼 동맹으로 맺어진 신랑신부는 결혼식을 치른 이후 어떻게 살았을까? 젊디젊은 신랑신부들은 주로 소꿉놀이를 하며 지냈다고 한다. 합스부르크가의 딸인 어린 소녀 구오테Guote는 역시 소년인 보헤미아의 벤첼Wenzel von Boemen과 결혼식을 올렸다. 문트 결혼을 한 신랑신부는 결혼식 후 결혼을 인정받기 위해서 하객들이 보는 앞에서 함께 침대에 들어가야 했다. 어린 신랑신부도 예외는 아니었다. 하객들이 보는 앞에서 이들도 부부의 연을 맺으러 침대에 함께 들어갔다. 부모는 하객들이 보는 앞에서 두 아이를 침대에 눕혔다. 어린 신랑신부는 그들이 왜 침대에 누워야 했는지는 몰랐을 것이다. 이들은 침대에서 무슨 일을 했을까? 침대에 누운 구오테는 자신의 인형에 대한 이야기를 벤첼에게 들려주었고, 벤첼은 구오테에게 매에 대한 이야기를 들려주었다고 한다. 이런 식으로 당시 귀족과 왕족들은 어린 자식들을 연극 무대에 올리기를 주저하지 않았다.

다른 대조적인 결혼도 있었다. 노인과 소녀의 결혼식이다. 당시 쉰아홉 살의 병든 몸이었던 독일 작센 지방의 한 귀족은 열세 살 된 아그네스 헤드비히와 결혼식을 올리기 위해 교회에 들어갔다. 건장한 두 남자가 이 늙은 귀족을 부축해야 할 정도로 그의 몸은 쇠약했다(59세에 벌써 노인이라는 말이 믿기지 않겠지만, 당시 예순은 현재의 아흔 정도의 나이로 생각하면 된다. 뒤에 샤를마뉴의 딸 베르타 이야기에서 다시 설명할 것이다). 플랜태저넷 왕가House of Plantagenet의 젊은 헨리Henry Plantagenet는 그가 다섯 살 때 프랑스의 루이 7세의 딸인 두 살 난 마르가레테와 결혼식을 올렸다. '카노사의 굴욕'으로 유명한 신성로마제국의 하인리히 4세(Heinrich IV, 1050~1106)도 네 살 때 베르타 폰 투린(Berta von Turin, 사보이의 베르타)과 결혼했다. 베아트릭스 폰 부르군트Beatrix von Burgund는 14세의 나이에 34세의 프리드리히 바르바로사(Friedrich Barbarossa, 신성로마제국의 프리드리히 1세, 1122~1190)와 결혼했다. 하인리히 4세의 딸 아그네스는 일곱 살 때 열아홉 살의 귀족 프리드리히Friedrich von Schwaben와 결혼했다. 그 외에도 미성년자와 행해진 결혼은 역사적으로 일일이 헤아릴 수 없을 정도이다. 이들의 공통점은 '결혼 완성'을 위해서 어른들의 주선으로 침대라는 연극 무대에 반드시 올랐다는 점이다.

슈바벤의 왕 필리프(Philipp, 1178~1208)는 '결혼 장사'를 하다가 목숨을 잃기도 했다. 왕위에 오른 그는 더 힘 있는 집의 딸과 결혼하기 위해서 바이에른 지방의 오토Otto von Wittelsbach의 딸 베아트릭스와의 약혼을 파기한 뒤, 왕위 계승권을 두고 그와 경쟁하던 벨프 가문의 오토 4세의 딸과 결혼하려고 했지만, 약혼을 파기당한 베아트릭스 집안에서 앙심을 품고 필리프를 죽이고 만 것이다. 필리프는 오랜 적대 관계에 있는 나라와 사돈을 맺어 화해를 도모하고자 했지만 돌아온 것은 죽음이었다. "사람이 온 천하를 얻고도 제 목숨을 잃으면 무엇이 유익하리요. 사람이 무엇을 주고 제 목숨을 바꾸겠느냐"는 성서 구절이 떠오르는 일화이다.

문트 결혼을 한 후에는 종종 신부의 탈선이 빚어져서 사회적 문제가 되기도 했다. 신부가 딴 남자와 성애를 한 것인데, 신부의 탈선은 중세에는 죽을 각오를 할 정도의 범법 행위였다. 심지어 성애를 한 것은 아니고 다른 남자와 지나치게 가깝게 지냈다는 이유만으로도 당시의 윤리에 의해 불행한 결말을 맞은 경우도 있었다.

마리아Maria von Brabant는 1254년 오토 2세의 아들인 바이에른의 공작 루트비히 2세와 결혼했으나 2년 후 루트비히 2세에 의해 살해되었다. 이야기를 풀어보면 다음과 같다. 마리아 주위에는 늘 남자들이 넘쳤다. 그 중에 기사인 루코Rucho와 문제가 생겼다. 마리아는 루코와 장기 놀이 놀이를 하면서 친밀함을 쌓아갔다. 어느 날 루코가 마리아에게 서로 말을 놓자고 청했다(이 내용을 이해하기 위해서는 독일어의 호칭을 알아야 한다. 독일어에는 낮춤말인 '두첸'과 서로 높이는 '지첸'이 있다. 독일에는 두 호칭이 지금도 살아 있다. 독일에서는 우리나라에서처럼 나이에 따라 호칭하지 않고, 가까운 사이인 가족이나 친구는 무조건 말을 놓고 이름을 부른다. 아버지와 손자 사이, 시아버지와 며느리 사이도 마찬가지이다. 예를 들어 시아버지 이름이 이똘망이고, 며느리 이름이 김예쁜이면, 시아버지나 며느리가 서로 "똘망아!" "예쁜아!"라고 부르는 것이다. 높임말인 '지첸'은 그다지 친하지 않다는 표시이고 공적인 관계에서 주로 사용한다. 위 내용에서 루코가 '말을 놓자'고 '두첸'을 청한 것은 친숙함을 표명하기 위한 의도로 보인다). 그렇지만 마리아는 거절했다. 그리고 얼마 후 그녀는 두 통의 편지를 썼는데 한 통은 남편 루트비히에게, 다른 한 통은 루코에게 보내는 것이었다. 그런

가운데는 마리아 폰 브라반트. 왼쪽은 남편 루트비히 2세, 오른쪽은 루트비히 2세의 두 번째 부인 안나.

데 얄궂게도 두 편지가 서로 바뀌었다. 전쟁터에서 뒤바뀐 편지를 받은 루트비히는 분노하며 집으로 말을 몰았다. 며칠간 말을 달려서 집에 도착한 그를 마리아는 반갑게 맞이했지만 루트비히는 그녀를 죽이겠다고 말했고, 함께 있던 이들이 말릴 사이도 없이 그녀의 목을 내리쳤다.

이런 질투심은 성인들의 경우에도 다르지 않았다. 성인 율리아노(Julian, 7세기의 성인. 축일은 2월 12일)의 경우이다. 집을 떠나 방랑하던 율리아노는 한 성주의 딸과 결혼하고 기사로 임명되었다. 후에 그의 부모는 말없이 집을 나간 아들을 찾아 나섰다. 어느 날 우연히 그의 부모들이 이 성에 도착했는데 율리아노의 부인은 그들의 이야기를 듣고 난 뒤 그들이 누구인지 당장 알아차렸다. 그녀는 시부모를 공경하는 의미에서 자신의 안방을 그들에게 내어주고 다른 방에서 잠을 청했다. 다음날 이른 아침, 사냥터에서 돌아온 율리아노는 안방에 들어갔다가 네 개의 발이 침대에 있는 것을 보고 분노한 나머지 앞뒤 가리지 않고 침대에 누워 있던 사람들을 죽여 버렸다. 부인이 다른 남자와 자고 있다고 생각한 것이다. 조금 뒤 부인이 교회에서 아침 기도를 마치고 돌아왔다. 율리아노는 부인에게 상황 설명을 듣고 나서야 자기가 돌이킬 수 없는 몹쓸 짓을 한 것을 알아차렸다. 질투심에 불타서 죄를 지은 것이다.

중세의 문트 결혼은 우리 조선시대의 풍속과 유사한 면이 있다. 그렇지만 중세 유럽의 일부 시대, 일부 지방에서는 농부의 자식들이 스스로 사랑을 찾아 나서기도 했다. 그 이야기는 뒷장에서 다시 다루기로 한다.

중세의 결혼식은 마을 축제

중세인의 결혼에는 신부의 지참금 문제가 늘 따라다녔다. 지참금은 결혼하기 전 집안끼리 확실하게 해두어야 할 가장 중요한 사안이었다. 신랑신부 쪽에서는 결혼하기 전 지참금에 대한 계약을 주고받고 계약서에 서명을 했다. 지참금은 남편이 일찍 죽을 경우, 과부의 생활을 보호하기 위해서 마련된 것이다. 또한 첫날밤을 치른 뒤 신부에게 '아침선물'을 주는 풍속은 게르만족에게 오랫동안 이어진 풍속의 하나였다. 처음에는 신부에게 아침선물로 송아지나 말, 무기 등을 주었지만 점점 더 큰 선물로 바뀌어갔다. 중세에는 또한 화려한 결혼식을 치르면 벌금을 물어야 했지만 그럼에도 아랑곳하지 않고 귀족들은 호화로운 잔치를 벌였다.

『중세 귀족들의 삶』이라는 책은 독일의 유명한 사학자 스피쓰 교수가 심혈을 기울여 쓴 연구서이다. 그 책에 독일의 남서쪽 온천 도시인 우라흐Urach에서 벌어진 결혼 잔치에 대한 기록이 실려 있다. 그 지방에 열두 살 된 딸이 있는 한 귀족이 있었다. 그는 황제의 조카를 사위로 삼으려고 갖은 방법을 동원했지만 그의 귀족 신분이 낮았기에 왕실과 혼인할 수 없었다. 할 수 없이 그는 귀족 뷔텐베르크가의 에버하르트에게 딸을 보내기로 했다. 에버하르트는 열네 살에 통치상속을 받은 장래가 촉망되는 젊은이였고, 나중에 독일의 튀빙겐 대학을 세운 사람이기도 하다. 황제의 조카를 사위로 삼지 못한 서러움 때문이었는지, 아니면 귀족의 잔치였기 때문이었는지는 모르겠지만 그 귀족은 딸의 결혼식을 누구도 넘보지 못할 만큼 호화롭게 열었다.

스피쓰 교수의 연구를 보면, 3일간의 결혼 잔치에 귀족들과 수행원을 포함, 4000명이 초대받았는데, 우라흐 길에서는 말들의 잔치도 함께 열렸다. 말 4280마리가 주인들의 행차에 동원되었기 때문이다. 이 잔치에는 52명의 수석요리사가 따라 붙었다. 그들에게 딸린 보조 요리사까지 상상해 보면 어마어마한 숫자가 머릿속에서 그려진다. 3일 잔치에 16만 5000개의 빵을 소비했고, 1만 3000명의 우라흐 시민들이 초대되어 함께 즐겼다.

이 잔치에서 매일 한 사람이 마신 와인이 평균 4리터, 3일간 소비량은 4만 8000리터였다. 또한 백포도주와 적포도주의 소비량은 15만 리터였다. 어찌된 일인지 맥주 이야기는 이 잔칫집의 기록에는 나오지 않지만 다른 집의 잔치에는 맥주 이야기가 빠지지 않고 나온다. 1496년 라이프치히의 한 귀족의 잔칫집에서는 사람들이 맥주 10만 리터를 들이켰는데 이때 맥주잔 2730개가 동원되었다. 대신 와인은 비교적 적은 1만 5000리터를 마셨고 잔도 630개만 사용되었다는 기록이 남아 있다.

1475년에 열린 란스후트Landshut의 잔치는 더 거창했다. 우라흐 잔치의 4280마리의 말보다 훨씬 더 많은 5945마리의 말을 타고 귀족들이 등장했다. 도시는 전체가 임시 마구간이 되었다. 그래도 마구간이 부족해서 기사들이 타고 왔던 3000마리의 말은 시골로 이동시킬 수밖에 없었다. 우리가 오늘날 주차 때문에 애를 먹듯 당시 중세 사람들도 고급 교통수단인 말을 주차하느라 애를 먹었던 모양이다. 자동차는 기름만 넣으면 되지만 말은 먹이를 준비해야 하고 보살펴야 한다. 이 잔치를 위해 말을 보살필 이들이 24명 고용되었다.

먹는 이야기도 빠트릴 수 없다. 4만 마리의 닭, 19만 4345개의 계란이 소비되었고, 323마리의 암소를 잡았다. 490마리의 송아지, 969마리의 돼지와 새끼돼지, 3295마리의 양과 염소, 1만 1500마리의 오리는 6000명분의 손님을 위한 음식 재료였다. 1474년 귀족 암베르거Amberger의 결혼식에서도 1만 1300마리의 닭, 2만 6000개의 계란을 조달했지만 란스후트에 비하면 조촐한 잔치였다.

여기서 특이한 것은 이들이 기록한 숫자이다. '3295마리, 19만 4345개의 계란'처럼 대충 0으로 끝난 숫자가 아니고 정확하게 한 자릿수까지 기록했는데, 돼지도 970마리가 아닌 969마리라고 적혀 있다. 독일인들의 이런 기록 문화가 놀랍기만 하다(생활 속에서도 이들의 말에는 이런 정확한 숫자 개념이 따라다닌다. 예를 들면 우리의 습관대로 한두 번 정도 반복한 것을 '늘' 그렇다고 독일어로 표현하면 듣는 이가 반드시 정정해준다. '늘'이 아니라 정확하게 '몇 번째'인지 말하라고 하는 것이다. 하루는 어떤 백화점 사장과 대화를 나눈 적이 있는데 필자가 '모든' 시민들이 당신 백화점에서 물건

중세의 결혼 잔치를 묘사한 그림. 장 프루아사르 책에 실려 있다.

을 사니 돈을 엄청 벌겠다고 했더니, 그가 필자의 단어를 즉시 정정한 뒤 이렇게 말했다. "모든 이들alle이 아니라 많은 이들viele입니다.")

뒷장에서 다시 소개하겠지만, 귀족이 베풀었던 결혼 잔치는 거대한 민중 축제 또는 시민 축제의 장이었다. 부자들이 여는 이런 잔치에는 시민 누구나 끼어서 배불리 먹을 수 있었다. 특히 가난한 이들에게는 인생에 다시 없는 즐거운 자리였다(1810년경 바이에른 지방에서도 이와 유사한 시민 축제가 열렸다. 바이에른 왕자의 결혼 잔치였다. 중세 시대처럼 소 잡고 돼지 잡는 잔치 유형은 아니었지만 사람들은 배불리 먹고 축제를 즐겼다. 독일에서는 지금도 10월에 열리는 '옥토버 페스트' 때 시민들이 '공짜로' 맥주를 마실 수 있는데 이런 전통도 중세에서 유래한 것으로 보인다). 어마어마한 돈을 들여 하늘과 땅과 민중이 함께 어울려 춤추며 성대히 치른 결혼식이니 다들 행복 바이러스를 퍼트리면서 살면 좋으련만, 모든 결혼이 해피엔딩으로 끝난 것은 아니었다. 여러 요인이 있었지만 나이 차이 때문에 사별하는 경우가 특히 많았다.

신부의 지참금과 '아침선물'

스피쓰 교수의 통계에 의하면 1200~1500년에 633명의 귀족들 중 약 75퍼센트에 달하는 475명의 남자가 일찍 죽어 과부를 만들었다고 한다. 과부가 늘어난 이유는 나이든 귀족들이 젊은 여자와 결혼했기 때문이다. 당시 남자들이 젊은 여자를 선호한 것은 임신 확률을 높이기 위해서였다. 이런 조건으로 결혼한 여자들이 과부가 되기까지는 평균 16년이 걸렸다. 이렇다 보니 중세에는 나이 차이 때문에 여자가 빨리 과부가 될 수 있다는 것을 염두에 둘 수밖에 없었다.

일반적으로 중세 초기에는 남편 소유물의 3분의 1을 미망인이 차지할 수 있도록 안전장치를 해두었다. 그러다가 서서히 다른 제도가 도입되었는데, 여자 쪽에서 가져온 지참금만큼, 똑같은 재산을 신랑이 신부에게 내놓는 제도였다. 이 두 금액의 합이 신부 소유의 재산이 되었다. 이 재산은 오늘날로 치면 일종의 생명보험금과 유사하다고 볼 수 있다. 여자가 과부가 될 경우 경제적인 어려움을 겪지 말라는 의도에서 만들어진 것이기 때문이다.

1524년 브라운슈바이크의 에리히 1세(1470~1540)와 딸을 가진 브란덴부르크의 요아힘 1세(1484~1535) 사이에 결혼계약서가 성립되었다. 에리히 1세는 첫 부인이 자손을 남기지 않고 죽자 두 번째 결혼을 했는데, 그녀가 바로 요아힘의 14세 된 딸 엘리자베스였다. 이 결혼은 1525년 7월 7일 거행되었다. 아버지 요아힘은 늙은 신랑을 위해 2만 플(그 당시 돈 단위)을 지참금으로 보냈다. 신랑 측에서도 같은 금액인 2만 플을 신부에게 내놓았다. 이 금액을 합치면 4만 플로, 이것은 엘리자베스가 과부가 될 경우를 대비한 보험금이었다. 여자들이 과부가 되어 재혼하게 될 경우 그녀들은 다시 돈을 벌 수 있었다. 위의 엘리자베스도 결국 과부가 되었다. 영락해 가는 귀족과 재혼을 한 그녀는 가져갔던 지참금만큼, 재혼한

에리히와 엘리자베스. 귀족들의 결혼에서는 나이 차이가 문제되지 않았다.

남편으로부터 다시 보험금을 받았다. 중세에는 이처럼 한 번도 결혼하지 않은 여자보다, 두 번 결혼했던 여자가 더 많은 재산을 소유할 수 있었다.

그렇지만 누구나 다 이런 행운을 잡을 수 있었던 것은 아니다. 한 예로 귀족의 딸인 마르가레테는 귀족의 아들 하인리히와 1452년 결혼했다. 남편이 일찍 죽고 전처의 아들까지 1471년 죽자, 그녀는 경제적인 어려움에 직면했다. 빚에 쪼들려 곤궁하게 살았던

1장 ❖ 합법적 결혼 동맹, 문트 결혼   35

이 여자는 결국 바인하우젠 수도원으로 들어가 살다가 1512년 고독하고 쓸쓸하게 죽었다는 기록이 남아 있다.

중세에는 과부들의 삶을 공증해 주는 제도가 하나 더 있었는데, 여자의 혼수와 남편이 제공하는 '아침선물'이 그것이었다. 이름 그대로 첫날밤을 보내고 난 다음날 아침, 신랑이 신부에게 주었던 선물이다. 여자들이 은그릇, 고급 옷, 보석, 다른 귀중품 등을 혼수로 장만해 가면, 신랑은 첫날밤을 지낸 후 신부에게 '아침선물'을 보냈다. 이것은 돈, 가축, 하인 등이 될 수도 있고 땅 등 부동산이 될 수도 있었다. 중세의 신랑신부는 남편이 신부에게 아침선물을 보낸 뒤 법적인 부부로 인정받았으며 아침선물은 신부의 소유물로 귀속되었다. 만일 신부가 어린 나이에 결혼해 과부가 되어도 이 재산으로 남은 생을 걱정 없이 살 수 있었다.

장미의 기적을 보여준 엘리자베스

정치적인 목적이 뜻대로 달성되지 않으면 교묘한 방법으로 파혼을 일삼던 시대였지만 전부 비극으로 끝난 것은 아니었다. 서로의 사랑을 채우는 결혼도 있었다. 콘라트의 딸 아그네스는 1194년 뢰벤Loewen가의 하인리히와 어릴 때 약혼하고 결혼했는데 그녀는 남편과 매우 깊은 사랑을 나누었다. 그녀의 아버지가 결혼을 파기하고 중간에 다른 남자와 결혼시키려고 했지만 그녀는 완강하게 거부하고 하인리히와 결혼했다.

왕족으로 태어난 엘리자베스(1207~1235년, 헝가리의 성녀 엘리사벳) 역시 정치적인 이해관계에 얽힌 결혼을 했다. 그녀는 네 살 때 튀링겐 가문의 장손과 약혼을 했다. 1211년 그녀의 부모들은 네 살 된 엘리자베스를 예비 시댁으로 보냈다. 많은 지참금과 선물도 들려보냈다. 이때부터 엘리자베스는 미래의 시집에서 양육 되었다. 불행히도 열네 살이 되었을 때 그녀와 약혼했던 장손이 죽었지만 그녀는 시동생인 루트비히 4세Ludwig Ⅳ와 결혼할 수 있었다. 엘리자베스는 그와의 사이에 세 명의 아이를 낳고 행복하게 살았다. 왕녀로서 부족함 없이 살았던 그녀는 가난한 이들을 챙기는 것도 소홀히 하지 않아서, 남편과 함께 가난한 이를 위한 병원을 세우기도 했다. 병들고 가난한 이들과 함께 나누는 삶을 꿈꾸었던 그녀의 소망은 이때부터 시작되었다.

엘리자베스 성녀에게 일어났던 일 중 '장미의 기적'을 빼놓을 수 없다. 그녀가 어느 날 가난한 이들에게 나누어줄 빵을 옷 밑에 넣고 나가자, "무엇을 그렇게 옷 밑에 넣었느냐"고 남편이 물었다. 엘리자베스는 대답 대신 치마 밑에 숨겨둔 빵을 남편에게 보여주기 위해 꺼냈는데 그 순간 빵이 장미로 변했다. 빵이 장미로 변한 것이 무슨 의미가 있는지는 여기서 다 설명할 수 없지만, 이 성녀를 언급할 때 빼놓을 수 없는 자랑스러운 기적으로 전해진다.

그러던 어느 날 불행이 찾아왔다. 1227년 십자군 원정을 떠났던 남편이 죽은 것이다. 홀로 남겨진 엘리자베스의 삶은 이때부터 급

엘리자베스 성녀에게 일어난 '장미의 기적'을 묘사한 그림.

변하기 시작했다. 죽은 남편 대신 시동생이 집안의 권력을 휘어잡은 데다 엘리자베스 소유의 재산까지 빼앗았기 때문이다. 시동생은 평소 엘리자베스를 못마땅하게 여겼다. 그녀가 가난한 사람들에게 언젠가는 전 재산을 넘겨줄지 모른다고 의심한 것이다. 그는 엘리자베스에게 둘 중 하나를 택하라고 강요했다. 베풀기만 하는 생활을 버리고 즉시 귀족의 생활로 돌아오든지, 아니면 바르텐부르크를 떠나라고 했다. 그녀는 망설이지 않고 후자를 택했다.

그녀가 추운 겨울날 세 아이를 데리고 아이젠나흐를 거쳐 마르부르크로 가는 모습을 보면서도 사람들은 도와주기는커녕 조롱하고 비웃기만 했다. 그녀를 자기 집에 숙박시킬 경우 권력가인 그녀의 시동생이 보복할까봐 두려웠던 것이다. 이웃 귀족들은 엘리자베스가 이미 남편이 없는 과부 신세가 되었고 시동생에게 모든 권력을 빼앗긴 것을 간파했던 것이다. 이때 엘리자베스에게 유일하게 도움을 준 사람이 있었는데 그녀의 병원에서 도움을 받은 적이 있는 한 노인이었다. 그 노인의 도움으로 엘리자베스는 마르부르크에 정착했다.

그 당시 사회는 굶주린 사람들이 도처에 널려 있는 데다, 해마다 흉년이 들어 거리에 거지들이 넘쳐났던 때였다. 엘리자베스는 사심 없이 헐벗은 사람들에게 물질을 나누어 주고 따뜻한 온정을 베풀었다. 그녀는 1228년 가난한 사람들을 위한 큰 자선병원을 짓고 직접 전염병 환자를 돌보았다. 당시는 옷 색깔로 신분을 표시하던 철저한 계급 사회였는데 엘리자베스는 그런 것에 관심을 두지 않고 늘 허름한 옷을 입고 다녔다. 그녀의 관심은 오직 이웃 사랑이었다. 왕녀 출신인 귀족이 이웃 사랑을 실천하는 것은 당시에는 그리 칭찬받을 일이 아니었다. 그녀의 희생정신은 당시 귀족층에게 본보기가 되기는커녕 오히려 비난과 빈축을 샀다. 긴 시간을 헌신적으로 병자를 돌보던 그녀는 1231년 11월 17일 죽었다.

1232년에 엘리자베스를 성녀품에 올리기 위한 절차가 시작되었다. 가톨릭은 성인성녀가 되기 위한 일련의 과정이 있다. 먼저 기적 심사 절차를 통과해야 한다. 성인을 통해서 치유의 기적이 일어났는지 증명하는 것이 첫 기준이다. 그녀가 성녀품에 오르는 절차는 크게 어렵지 않았다. 그녀가 무덤에 묻힌 다음날부터 무덤을 찾는 이들이 줄을 이었고 기적이 일어나기 시작했던 것이다. 이런 치유 기적 중 50퍼센트 이상이 어린이와 청소년들에게서 일어났다. 당시 여덟 살 소녀 아델하이드는 심한 병을 앓고 난 뒤부터 움직일 수 없었는데 엘리자베스 성녀의 무덤으로 순례를 다녀온 이후 말끔하게 병이 나았다. 어떤 부모는 자식을 등에 업고 무덤을 찾았다. 평소 목발을 짚어야 움직일 수 있는 아이였는데, 그 아이는 성녀의 무덤 앞에서 간절한 기도를 올린 후 목발 없이 스스로 걸어 집으로 돌아갔다.

600명이나 되는 목격자가 이런 기적을 증언했고, 기적이 무려 105건 일어났다. 4년 뒤인 1235년 5월 27일에 엘리자베스는 교황 그레고리오 9세(Gregorius IX, 재위 1227~1241)에 의해서 가톨릭 성녀로 선포되었다. 그녀의 거룩한 삶을 후세인들도 잊지 않은 덕분에 그녀는 세기를 내려오면서 추앙받고 있다.

엘리자베스를 성녀로 추모하는 도시는 에어푸르트, 쾰른, 뉘른베르크, 마르부르크 등을 꼽을 수 있다. 특히 마르부르크에는 엘리자베스 성녀의 유골 일부를 묻은 '엘리자베스 교회'가 있다. 그녀를 기념하는 엘리자베스 교회(성녀는 가톨릭에 속하지만 그녀가 묻힌 교회는 기독교가 사용한다)에는 지금도 많은 순례자가 몰려든다. 수녀로 살았던 그녀의 딸 게르트루드(1227~1297)도 1348년 교황 클레멘스 6세(Clemens VI, 재위 1342~1352)에 의해 복녀품에 올랐다.

결혼 장사와 결혼 흥정

문트 결혼으로 맺어진 부부는 엘리자베스의 경우와는 반대로 부부 사이가 화목하지 않은 경우가 더 많았다. 네 명의 부인을 두었던 신성로마제국의 황제 프리드리히 2세(1194~1250)와 그의 아들이자 시칠리아의 왕이었던 하인리히 7세(엔리코 2세라고도 함, 1211~1242)의 이야기이다.

프리드리히 2세는 여러 차례 결혼했다. 부인들과의 사별 후 결혼이었기 때문에 다행히 교회와의 갈등은 없었다. 첫 번째 부인 콘스탄츠가 죽자 그는 두 번째로 욜란데(예루살렘의 이사벨 2세)와 1225년 결혼식을 올렸다. 하지만 그는 신부와 첫날밤을 보내지 않았다. 욜란데를 따라온 시녀 중 한 여자에게 빠져 신부와의 첫날밤을 잊은 것이다. 이 여자는 욜란데의 조카였다. 이 이야기는 후에 시인들의 시에서 자주 애용되었는데, 이런 정황을 보아도 사랑이 따르는 결혼이 아니라 정치적인 장사였다는 것을 알 수 있다.

자신도 사랑 없는 결혼을 했지만 프리드리히 2세는 아들 하인리히에게도 결혼 장사를 강요했다. 아버지 프리드리히로부터 독일과 시칠리아 왕권을 물려받은 하인리히는 오스트리아의 마르가레테와 결혼식을 올렸다. 하인리히는 열네 살, 마르가레테는 스물한 살이었다. 정치적인 결혼이었으니 나이 차이는 언급의 대상이 아니었다. 결혼식은 뉘른베르크에서 호화롭게 열렸다. 그런데 결혼식 날 황당한 일이 일어났다. 하인리히에게 독일 통치자임을 상징하는 왕관을 씌워준 사람이자 그의 조언자이기도 했던 쾰른 주교 엥겔베르트Engelbert가 살해당한 것이다. 이런 상황에서 올린 결혼식이 흥겨울 리 없었다.

더구나 일곱 살 연상이었던 마르가레테는 벤첼 1세와 약혼한 사이였는데 시아버지 프리드리히가 교묘하게 일을 벌여 며느리로 들인 경우였다. 마르가레테가 다스릴 영토가 컸기에 이 결혼 장사에 이득이 많다는 계산이 나왔던 것이다. 아들 하인리히가 실제로 마음에 품었던 여자는 영국 왕의 동생 이사벨이었지만 이룰 수 없는 사랑이었다. 사실 그녀는 아버지 프리드리히가 결혼하려던 여자였기 때문이다. 두 부자가 한 여자에게 동시에 관심을 가지는 웃지 못할 일이 벌어진 것이다. 아버지와 아들의 나이 차이가 단지 열일곱 살밖에 되지 않다 보니 부자 이전에 서로 연적이 되는 상황이 벌어진 것이다.

하인리히와 마르가레테의 결혼 생활은 처음부터 삐걱거렸다. 하인리히는 오타카르 1세Ottokar 1의 딸 아그네스와 결혼하기 위해 이혼을 신청했지만 아버지 프리드리히는 이번에도 이혼을 허락하지 않았다. 아버지도 아그네스를 사랑하고 있었던 것이다. 부자가 한 여자를 두고 사랑을 쟁취하기 위한 게임을 시작하자 당사자 아그네스는 두 사람의 곁을 떠나 홀연히 수도원으로 들어가 버렸다.

1231년 아버지 프리드리히는 회의를 소집했다. 아들 하인리히의 이혼 문제를 상정하기 위한 회의였다. 하인리히도 여기에 참석하라는 전갈을 받았지만 그는 반항심에 불참했고 1235년 끝내 마르가레테와 이혼을 감행했다. 이 사실에 분개한 아버지는 아들을 독일에서 쫓아내 이탈리아로 추방했다. 그러고도 성에 차지 않았는지 아들 하인리히를 1242년 감옥에 넣었는데 고통을 견디지 못한 하인리히는 감옥에서 스스로 목숨을 끊었다. 불교로 말하면 부자 간에 전생에 질긴 악연의 줄이 감겨 있었던 모양이다.

하인리히가 죽자 마르가레테는 아들 프리드리히(할아버지와 이름 동일)를 데리고 한동안 시아버지 영토에 거주하다가 독일 트리어의 한 수도원으로 옮겼고 거기서 다시 뷔르츠부르크에 있는 수도원으로 옮겼다. 그러던 중 그녀는 수도원 생활을 청산하고 오스트리아로 돌아가게 되었다. 그녀의 오빠가 죽고 상속녀가 되었기 때문이다. 1250년 시아버지인 프리드리히 2세가 죽자 그녀의 아들 프리드리히도 왕권을 물려받았다.

얼마 후 벤첼 1세Wenzel의 아들인 보헤미아의 오타카르 2세Otakar II가 과부인 마르가레테에게 결혼을 신청했다. 오타카르 2세는 이십대, 마르가레테는 사십대, 엄청난 나이 차이였지만 아랑곳하지 않고 이들은 1252년 결혼식을 올렸다. 잠시 오스트리아에 머물던 그녀는 프라하로 돌아갔지만 그녀가 기대한 만큼 일이 풀리지 않았다. 둘 사이에 1256년까지 아이가 생기지 않았던 것이다. 이 문제로 오타카르 2세는 교황을 찾아갔다. 아이를 낳지 못하는 마르가레테와 이혼하고 싶으니 허락해 달라고 청하기 위해서였다. 이 사실을 안 마르가레테는 오타카르 2세에게 비난을 퍼부었다. 그녀는 첫 결혼에서 두 아이를 낳았다며, 문제는 오타카르 2세에게 있다고 항변했다. 이에 분개한 오타카르 2세는 자신도 아이를 낳을 수 있다는 것을 한 여자를 통해서 증명했다. 그는 그 여자와의 사이에 아들 하나, 딸 하나를 낳았던 것이다.

오타카르 2세가 희망했던 이혼은 쉽게 이루어지지 않았다. 교황청은 그가 아이를 낳을 수 있음은 인정했지만 이 아이들을 왕위 계승권에서는 제외시켰다. 그 사이에 오타카르 2세는 더 막강한 힘을 지닌 군주로 변신해 갔다. 1260년 그는 늘 경쟁관계에 있었던 헝가리의 왕 벨라 4세Bela에게 다가가 서로 평화롭게 지내자면서 어제의 적인 그를 친구로 만들었다. 또한 그 증빙으로 벨라의 조카인 쿠니군데Kunigunde와 결혼하고 싶다고 했다. 물론 그는 아직 마르가레테와 이혼한 상태가 아니었다.

이런 상황을 알게 된 주교 요한과 부르노Johann und Bruno가 왕을 도와주기 위해 나섰다. 이들은 교황 우르바노 4세(Urbanus IV, 재위 1261~1264)를 알현한 뒤, 오타카르 2세와 마르가레테가 이혼할 수밖에 없는 이유를 두 가지로 둘러댔다. 첫째, 오타카르 2세와 마르가레테가 사촌간이라는 것, 둘째, 마르가레테는 트리어의 한 수도원에서 이미 청빈, 정결, 순명을 서약했던 수녀라는 점이었다. 그녀가 정치와 결혼을 위해 수도원의 서약을 어겼다면서 오히려 그녀를 몰아세운 것이다. 종교적인 힘과 정치적인 힘을 합세한 꼼수에 마르가레테는 꼼짝 못하고 물러설 수밖에 없었다. 1261년 마르가레테는 울면서 프라하를 떠났다. 그리고 10일 후 오타카르 2세와 쿠니군데의 화려한 결혼식이 열렸다. 오타카르 2세와 마르가레테가 결혼할 때는 사촌간인 줄 몰랐을 리 없고, 주교들도 이들이 사촌인 줄 모르고 결혼을 허락하지는 않았을 것이다. 당시의 교회가 권력에 빌붙은 모습으로밖에는 해석할 수 없는 상황이다.

비참한 심경으로 오스트리아로 돌아간 마르가레테는 수도원으로 들어갔고 6년 후인 1267년에 죽었다. 이 죽음에도 많은 의문이 제기 되었는데 그녀가 오타카르 2세에 의해 독살되었다는 것이다. 실제 오타카르 2세가 그녀의 죽음을 지시한 기록이 한 수도원에 남아 있다. 많은 영토와 부와 명예를 손에 쥐고도 결혼과 이혼 문제를 일으킨 그도 마르가레테가 죽은지 11년 후 한 평의 땅만을 쥐고서 영원히 땅 속에 묻혔다.

결혼했으면 자식을 낳으라

결혼한 여자들의 가장 큰 임무는 빨리, 건강한 아이를 낳는 것이었다. 아이를 빨리 낳아야 그것을 끈으로 다른 왕족이나 귀족 가문과 '결혼 장사'를 이어나갈 수 있었기 때문이다. 심지어 중세 사람들은 "아이가 없는 인생은 태양이 없는 날"로 비유하기도 했다. 당시는 자식에 대한 염원이 강하다 보니 재혼을 할 때도 젊은 여자를 고집하는 경우가 많았다.

1404년, 아우구스부르크에서 상업으로 부를 축적한 칭크Zink가의 한 남자는 전처가 죽자 젊은 여자와 재혼을 했다. 또한 의술이 그다지 발달하지 않은 때라 태어난 아이들이 죽는 경우가 많았기 때문에 중세인들은 대부분 아이를 낳을 수 있을 때까지 많이 낳으려고 했다. 보통 초혼은 남자가 세 살 정도 많았지만 남자가 다시 재혼할 때는 여자보다 8~16세 정도 나이가 많았고, 세 번째 결혼할 때는 34세 연상인 경우도 있었다.

나이 차이가 많이 나는 어린 신부를 고집하며 결혼할 여자의 건강검진을 미리 하는 경우도 있었다. 프랑스의 왕 샤를 6세는 결혼 상대로 바이에른의 이자보(독일식으로는 Elisabeth von Bayern, 1370~1435)를 선택했다. 그녀는 결혼하기 전 '건강검진'을 강제로 받았다. 신부가 아이를 잘 낳는 생식기를 가졌는지 신랑측에서 검진을 통해 미리 조사한 것이었다. 다행히(?) 그녀는 아기를 낳기에 적절한 몸 구조를 갖고 있다는 검진 결과가 나왔다. 중세에는 여자가 아이를 낳지 못하면 대개는 비극으로 끝났다. 가문을 이어갈 수 없는 데다 다른 귀족이나 왕족과 '결혼 장사'를 할 수 없다는 이유에서였다.

또한 중세 시대에는 여자들이 남편에게 순종하는 것을 미덕으로 여겼다. 순종하지 않는 여자는 비난을 받았고, 남자들은 순종하는 아내를 은근히 자랑했다.

이탈리아 비테르보Viterbo에서 전쟁중 잠시 휴식을 취하던 군인들의 이야기가 지금까지 전해져 오는데, 자기 자랑, 좋은 말 자랑, 사냥 가서 잡은 포획물 자랑 등을 영웅담처럼 늘어놓다가 빠지지 않고 등장하는 메뉴가 아내 자랑이었다. 어떤 남자는 자기 아내와 떨어져 있는 게 너무 기쁘다며 자기 아내의 후덕한 성격을 은근슬쩍 자랑하기도 했다. 이날 가장 관심을 모은 주인공은 단연 로마 여자 루크레치아와 결혼한 콘라티누스Conlatinus였다. 자기 아내가 세상 최고의 순종녀라고 자랑한 것이다. 이런 이야기를 듣고 있던 이들이 내기를 제안했다.

남편 콘라티누스는 동료 한 명과 일부러 한밤중에 집에 도착해서 아내에게 턱없는 요구를 해대기 시작했다. 루크레치아는 싫은 내색 없이 두 사람을 맞이했고 얼굴 한 번 찡그리지 않았다. 식탁에 올려놓은 와인을 남편이 일부러 그녀의 얼굴에 뿌리기도 했지만 그녀는 와인이 줄줄 흘러내리는데도 공손하게 일어나서 남편에게 머리를 굽혔다. 그녀의 순종이 심판에 의해 드러났기에 남편은 당연히 내기에서 이길 수 있었다. 이런 예들은 요아힘 붐케 J. Bumke의 저서에 나온다.

앞서 이미 언급했듯이 중세에는 남녀 간의 성차별이 심했다. 남편은 쉽게 바람을 피울 수 있었지만 반대로 여자의 경우는 바람이 용납되지 않았다. 아내가 바람을 피우면 심한 경우 죽임을 당할 수도 있었다. 이런 때는 아무리 많은 지참금을 가지고 시집을 왔을지라도 지참금을 돌려받지 못했다. 여자가 다른 남자와 놀아나는 장면을 목격하면 그 남자와 함께 여자를 죽여도 법으로 처벌받지 않았다. 이것이 문트 결혼을 한 남편으로서의 권리였다. 그리고 남편은 아내를 멍이 시퍼렇게 오를 때까지 때릴 수도 있었다. 남편은 아내를 때리는 모습을 일부러 사람들 앞에서 과시하는 경우도 있었다. 그때 남편은 다른 남자들이 아내에게 이상한 짓을 하지 못하도록 때리는 것이라고 턱없는 이유를 둘러댔다.

발하우스Ballhaus는 중세의 남편들이 집에서 아내를 내보낼 때 손에 쥐어주는 것은 4페니히의 돈과 집에서 여자들이 일하던 노동의 상징인 물레 가락이 전부라고 했다. 베 짜는 물레 가락은 여자의 상징이니 그렇다 치고, 왜 5페니히도 아니고 4페니히를 주었는지에 대한 언급은 없다. 하지만 남성 위주의 사회에서 여성 상위가 전해 내려오는 곳도 있다. 15세기 중엽에 나온 그림을 보면 시대상을 조금은 엿볼 수 있다. 어느 시대든 예외라는 것이 있다. 특출한 여자 피장의 경우를 보자.

여류작가 크리스틴 드 피장

크리스틴 드 피장(Christine de Pizan, 1364~1429)은 15세기에는 드문 여류작가였다. 그녀는 문학으로 돈을 벌어서 생활을 유지한 독립적인 여자였다. 그녀는 베네치아에서 태어났지만 아버지가 샤를 5세의 주치의이자 점성학자로 부름을 받자 네 살 때 아버지를 따라 파리로 가서 성장했다.

어릴 때부터 고등교육을 받은 그녀는 라틴어와 프랑스어에 능통했다. 그녀 나이 열다섯 살 때 열 살 위인 한 법률인과 결혼해서 궁에서 살다가 남편이 죽자 갑자기 아이 셋 딸린 스물여섯 살의 과부가 되어 버렸다. 거기다 그녀는 능력 없는 남동생과 어머니를 보살펴야만 했다. 1397년 사신으로 떠나는 영국의 한 귀족에게 그녀의 아들을 맡긴 데 이어, 딸은 수도원으로 보내야 할 정도로 살림이 어려워진 가운데, 그녀는 자신의 궁핍한 생활을 글로 묘사하기 시작했는데 이것이 큰 반향을 얻기 시작했다. 그 이후 자녀를 위한 『지혜의 책』을 집필하였고, 1390년에 열린 시인대회에서도 두각을 나타내어 큰 상을 받았다. 1399~1405년에 그녀는 열다섯 권의 책을 집필했는데 귀족들이 그녀의 책을 앞다투어 사갔다고 한다. 그 뒤 그녀는 정치적인 테마에도 관심을 쏟았다. 정치적인 영역의 글을 여자가 쓴다는 것은 중세에는 매우 조심스러운 일이었다. 그러나 그녀는 다음과 같이 목소리를 높였다. "여자들이여! 남자에게 무조건 순종하거나 종속되지 말고 동등한 역할을 하면서 살아야 한다. 종속에서 벗어나기 위한 유일한 수단은 여자도 교육을 받고 깨어나는 것이다. 여자도 남자처럼 지식을 쌓고 학문적인 영역에 도전해야 한다."

그녀는 당시의 맹점도 꼬집었다. 남자들은 바깥에서 즐기기만 할 뿐, 가정의 온갖 잡일과 자식에게 시달리는 아내에게 감사하기는커녕 꼬투리를 잡고 심지어 때리기까지 한다며 그들을 맹비난했던 것이다. 남자들의 부당한 대우에 비판을 가했던 그녀는 여자들에게 이렇게 말했다. "이런 잔인한 대우를 받은 여자는 항거하면서 대결하고, 남편의 처사가 지나치면 반드시 고발하라."

위는 크리스틴 드 피장이 이자보 여왕에게 그녀의 책을 헌정하고 있는 모습.
아래는 책 읽고 돌 쌓는 일에 적극적으로 참여하고 있는 크리스틴.

당시 여자들에게 그녀의 주장이 어느 정도 받아들여졌는지는 알 수 없다. 하지만 1400년경 여성 해방을 부르짖은 대담한 여자가 있다는 것은 놀라운 일이다. 당시는 여성 해방을 주장했다가는 자칫하면 마녀로 몰릴 수 있었던 시대였기 때문이다. 다행히 신분 높은 사람들이 도와준 덕에 그녀는 이런 길을 모면할 수 있었다. 특히 프랑스 샤를 6세의 왕비인 바이에른의 이자보가 그녀 곁을 맴돌며 감싸주었다고 한다. 그녀가 쓴 몇 개의 작품이 15세기 말 영국에서 출판되었는데 이때 헨리 7세가 이 책을 찍는 것을 허락해 주었고, 16세기 초에는 프랑스에서도 그녀의 책이 출간되었다.

2장

프리델 결혼, 사랑은 얻고
권리는 포기하다

프리델 결혼은 신분 높은 귀족이나 왕족인 남자가 정부로 삼은 여인과 결혼할 때 주로 쓰던 말이다. 여기서 태어난 자식들은 상속이나 왕위 계승권에서 제외되었지만 능력 있는 정부들은 이런 규정을 뛰어넘어 자신의 권리를 쟁취하기도 했다. 프랑스의 앙리 2세의 정부 디안 드 푸아티에는 왕보다 열아홉 살이 많았고, 루이 15세의 정부 퐁파두르는 성적 불감증을 앓았지만 크나큰 부귀와 영화를 누렸다. 이들은 미모는 물론 지성을 갖춘 여인이었기 때문에 정부의 자리를 굳건히 지킬 수 있었다.

프리델이라는 단어의 뜻은 '사랑하는 사람'을 의미하지만, 중세의 프리델 결혼은 신분 높은 귀족이나 왕족인 남자가 정부로 삼은 여인과 결혼할 때 주로 쓰던 말이다. 이 결혼은 문트 결혼과는 달리 부인에 대해 남편이 지배권을 가지고 있지 않기 때문에, 프리델 결혼을 한 여자는 정부의 지위일지라도 때로는 문트 결혼을 한 여자보다 더 많은 자유와 권리를 누리는 경우가 있었다. 두 사람이 사랑으로 만나 결혼했기 때문에 여자가 헤어지고 싶으면 언제든지 남편을 떠나는 것도 프리델 결혼에서는 가능했다.

반대로 여자가 남자보다 신분이 높은 경우, 프리델 결혼을 통해 남자를 정부로 삼기도 했는데 이 경우는 그리 많지 않았다. 드문 일이지만 '지배권을 가진 결혼'에 얽히기 싫어서 프리델 결혼을 택하는 사람도 있었다. 프리델 결혼으로 태어난 자식들은 대개는 상속이나 왕위 계승권에서 제외되었지만 능력 있는 정부들은 이런 규정을 뛰어넘어 자신의 권리를 쟁취하기도 했다.

최근에 독일의 오스발트Osswald-Bargende 박사는 중세 후기에 정부로 살았던 여자들을 연구하고 책으로 발간했는데 그는 정부가 되기 위한 필수조건을 '미모와 지성'으로 꼽았다. 그렇지만 그가 추가로 언급한 대목이 재미있다. 미모와 지성은 필수조건이었지만, 왕과의 성애性愛는 그리 중요하지 않았다는 것이다. 말하자면 왕과의 성애가 두드러지지 않더라도 정부로서 왕의 사랑을 받으며 '자리 유지'를 할 수 있었다는 이야기이다. 프랑스의 유명한 두 여자 디안 드 푸아티에(Diane de Poitiers, 그녀가 태어난 연도는 1499년 12

월 또는 1500년 1월 두 가지 설이 있는데 여기서는 1500년생을 택한다)와 퐁파두르(Madame de Pompadour, 1721~1764)의 경우가 이를 증명한다.

디안 드 푸아티에와 퐁파두르

디안 드 푸아티에는 프랑스 왕 앙리 2세(Henri II, 1519~1559)의 정부가 되면서 세간에 알려졌다. 정부라고 하면 대개는 왕보다는 젊은 여자를 떠올리는데, 디안 드 푸아티에는 앙리보다 무려 열아홉 살 많았다. 한국식으로 따지면 이모뻘인 셈이다.

그녀는 귀족 가문 출신이었다. 여섯 살 때 어머니를 잃은 그녀는 왕족인 친척 손에서 왕실 교육을 받으며 성장했고 이런 연줄을 통해서 일찍이 궁으로 들어가 귀족들과 친교를 나눴다. 특히 1514년에는 프랑수아 1세(François I, 1494~1547)의 왕비의 비서로 재직하기도 했다. 1515년에 그녀는 쉰여섯 살의 귀족(루이 드 브레제)과 결혼하여 딸 둘을 낳았는데 나이 차이 많은 남편과의 결혼 생활이었지만 매우 행복해했다고 한다. 남편이 1531년 안타깝게 죽자 그녀는 검은색 과부 옷을 평생 벗지 않겠다고 다짐할 정도로 깊은 슬픔에 빠지기도 했다.

그녀가 다시 프랑스 궁으로 들어간 것은 프랑수아 1세가 둘째 아들인 앙리를 돌봐 달라고 청했기 때문이었다. 사람 앞에 잘 나서지 않는 소극적인 타입이었던 어린 앙리를 보살피는 데 디안 드

위는 당시 '미의 기준'으로 칭송받던 디안 드 푸아티에, 아래는 앙리 2세.

푸아티에는 적극적으로 매달렸다. 물론 앙리도 그녀를 잘 따랐다. 그러던 중 앙리와 그의 형이 1526년, 스페인에 볼모로 잡혀가게 되었다. 아픈 마음을 주체하지 못한 디안 드 푸아티에는 볼모로 잡혀가는 앙리에게 따뜻한 이별의 키스를 해주었다. 그녀의 이런 자그마한 행동이 후에 앙리의 가슴에 불꽃을 심을 줄은 그때는 아무도 몰랐다. 앙리는 스페인에서의 볼모 생활을 끝내고 프랑스 궁으로 돌아온 뒤 메디치가의 딸이자 교황 클레멘스 7세(Clemens VII, 재위 1478~1534)의 조카 카트린(Catherine de Médicis, 1519~1589)과 성대한 결혼식을 올렸다.

카트린은 교황의 조카였지만 프랑스 궁에서는 누구도 그녀에게 특별한 관심을 두지 않았다. 두 가지 이유 때문이었다. 첫째, 교황 삼촌 덕택에 프랑스 궁으로 시집오기는 했지만 '돈 많은 상인의 딸'이라는 꼬리표를 뗄 수 없었고, 둘째, 그녀가 서열 둘째 왕자의 부인이었기 때문이다. 사실 더 큰 문제는 남편 앙리가 그녀보다 열아홉 살이나 많은 디안 드 푸아티에에게 푹 빠져 있었던 탓으로 볼 수 있다. 카트린은 눈이 툭 튀어나오는 등 그리 뛰어난 미모는 아니었다고 한다. 그렇지만 그녀는 주특기인 말 타기와 뛰어난 유머 감각을 통해 외톨이에서 벗어나며 점차 프랑스의 귀족들과 교류하기 시작했다.

그런 카트린에게 어느 날 행운이 찾아왔다. 왕위 계승자였던 앙리의 형이 1536년에 갑자기 죽는 바람에 둘째인 앙리가 왕세자가 되고 카트린이 왕세자비가 된 것이다. 왕세자비가 된 그녀는 두려움을 느꼈다. 결혼한 지 3년이 지났지만 남편과의 사이에 아직 아이가 생기지 않았던 것이다. 더구나 남편이 이미 이탈리아 출신의 한 여자와의 사이에 아이를 낳았기 때문에 그녀의 불안감은 더욱 커질 수밖에 없었다.

앙리가 왕으로 등극하자 열아홉 살의 나이 차이에도 불구하고 디안 드 푸아티에는 공식적인 왕의 정부가 되었다. 두 사람은 언제 어디서나 밖으로 그들의 사랑을 거리낌 없이 표출했다. 하지만 디안은 카트린과도 좋은 관계를 유지하는 것을 잊지 않았다. 카트린이 임신 때문에 걱정하고 있다는 사실을 알아차린 그녀는 임신이 잘 되는 약을 카트린에게 보내기까지 했다. 디안 드 푸아티에의 인품이 훌륭해서라기보다는 만약을 대비한 계산속이 더 컸다. 카트린이 아이를 낳지 못한다는 이유로 추방 당하면 자신 역시 정부 자리를 유지하기 어려울 것이라고 생각했던 것이다.

디안 드 푸아티에 옆에는 한 여자가 있었다. 프랑수아 1세의 정부였던 안느(Anne de Pisseleu, Duchess d'Étampes, 1508~1580)였다. 프랑수아 1세가 살아 있을 때 궁중에서 큰 영화를 누린 안느는 앙리가 등극하면서 왕실 제1의 정부 자리를 디안에게 내주었는데 그 상황을 견디지 못하고 그녀를 내치기 위해 혈안이 되어 있었다. 그녀는 디안 드 푸아티에와 왕의 나이가 많이 차이나는 것을 우스갯거리로 삼으려고, 시인들을 매수해서 이들의 나이 차이를 주제로 시를 짓게 했다. 그리고 귀족들을 불러들여 낭송회를 열기까지 했다. 그렇지만 궁중 귀족들의 반응은 미미했다. 현재 왕의 정부인 디안 드 푸아티에를 웃음거리로 만들기에는 그녀의 자리가 역부족이었던 것이다. 말하자면 정승 개가 죽은 것이 아니라 정승(프랑수아 1세)이 죽은 상황이었기 때문이다. 점점 더 힘을 잃어 가기만 할 뿐 옛날의 위세는 돌아오지 않는다는 것을 알아차린 안느는 마침내 무대 뒤로 사라졌다.

1544년 1월 19일 드디어 카트린이 아들을 낳자 카트린의 지위는 확고해졌고, 그녀 편에 섰던 디안 드 푸아티에의 위치도 덩달아 올라갔다. 그러자 기고만장해진 디안은 교활한 본성을 드러내기 시작했다. 프랑스의 모든 교회의 종소리에 세금을 매긴 뒤, 이 돈을 자기 수중에 넣었고, 유대인들을 쫓아낸 뒤 그들의 땅을 그녀 소유로 만들기도 했다.

어느 날 그녀의 자리를 뒤엎을 사건이 일어났다. 앙리 2세의 딸 엘리자베스와 스페인의 펠리페 2세(Felipe II, 1527~1598)의 결혼을 축하하는 무술 시합이 열렸는데 앙리 2세도 거기에 참여하기로 한 것이다. 하지만 카트린은 무술 시합에 앙리 2세가 참여하지 못하도록 결사적으로 말렸다. 당대의 유명한 점성가 노스트라다무스가 "앙리가 마흔 살에 무술 시합에서 죽게 될 수도 있다"고 예언했기 때문이다.

카트린의 결사적인 저지는 뒷전으로 미루고 왕은 무술 시합에 출전했다. 디안 드 푸아티에가 적극적으로 출전을 거들었던 것이다. 결과는 점성가의 예언대로였다. 1559년 6월 30일 열린 무술 시합에서 앙리는 부상을 당했고 10일 간 처절한 고통에 시달렸다.

이 기간 동안 카트린은 디안 드 푸아티에를 왕 곁에 얼씬 못하게 했고, 앙리 역시 디안 드 푸아티에를 더 이상 찾지 않았다.

1559년 7월 10일 왕이 죽었다. 얼마 후 디안 드 푸아티에는 용서를 비는 편지를 카트린에게 보냈지만 카트린은 그녀가 기거하던 쉬농소 성을 돌려 달라는 냉정한 답신을 보냈을 뿐이다. 왕이 죽고 난 6년 후에 열아홉 살 연상의 디안 드 푸아티에도 죽었다. 그녀는 이런 문구를 자기 비석에 써달라고 청했다.

"디안 드 푸아티에를 위해서 기도해주세요."

퐁파두르는 루이 15세의 정부였다. 부르주아 출신인데다 이미 결혼해서 아이를 두었던 그녀가 어느 날 왕의 정부가 되었는데 그 과정이 놀랍기만 하다. 점쟁이가 어느 날 그녀의 미래를 점쳤는데 언젠가 그녀가 왕의 정부가 된다는 점괘를 뽑은 것이다. 점쟁이의 이런 말은 뛰어난 그녀의 미모 때문이었을 수도 있지만, 뛰어난 미모 때문에 운명적으로 그렇게 살 수밖에 없다는 뜻이었을 수도 있다. 미모라는 기본 구조가 없었다면 사실 정부가 되는 것은 불가능했을지도 모른다.

꿈같은 예언을 들은 그녀는 결혼한 여자였음에도, 꿈을 이룰 기회를 포착하려고 애썼다. 그녀는 왕이 자주 사냥가는 곳을 알아내, 왕과 눈을 마주치려고 했지만 좀처럼 기회를 잡을 수 없었다. 당시 왕의 정부였던 여자가 그녀를 왕 곁에 오지 못하게 밀어낸 것이다. 그렇지만 포기하지 않고 호시탐탐 기회를 노린 그녀에게 드디어 행운이 찾아왔다. 그녀가 왕 가까이에 다가오는 것을 저지했

퐁파두르 부인의 초상화. 프랑수아 부세 그림.

던 정부가 1744년에 죽었기 때문이다. 그녀는 드디어 한 무도회장에 참석해 왕의 마음을 사로잡았고, 이후 남편과 이혼하고 점쟁이 말처럼 운명적(?)으로 루이 15세의 정부가 되었다. 그녀가 이 점쟁이에게 두둑한 복채를 안겨주었음은 물론이다.

정부의 자리를 차지했던 여자들이 그러하듯 그녀 역시 정부 자리를 굳건히 지키기 위해 안간힘을 썼다. 그녀는 우선 친정 식구들의 안위를 챙겼다. 어머니의 묘를 수도원에 만든 데 이어 동생역시 궁에 일자리를 마련해 주었으며, 전 남편과의 사이에 낳은 딸 알렉상드린의 출세를 위해 그녀를 수도원으로 보내기도 했다. 당시 수도원은 왕족이나 귀족 출신들이 최고의 교육을 받을 수 있는 곳이자, 더 신분 높은 귀족 자녀들과 친교를 맺는 장소이기도 했기 때문에 퐁파두르도 은연중에 그런 희망을 품었다. 그녀는 열 살인 딸을 열세 살 된 한 귀족의 아들과 결혼시키려고 했지만 그 꿈은 물거품이 되었다. 그녀의 딸이 결혼도 하기 전 병으로 수도원에서 죽었던 것이다.

다른 한편으로 그녀는 사교계 모임을 만들어 당시 유명한 사상가 루소, 볼테르 등을 궁으로 불러들이는 등 당대의 지식인과 예술가를 후원하기도 했다. 그런 노력 덕분에 그녀도 나중에 귀족 칭호를 받기는 했지만 평민 출신이라는 신분의 꼬리표는 완전하게 뗄 수 없었다.

그런데 자신의 부족한 힘을 루이 15세의 특별한 사랑을 통해서 채워보려고 했던 그녀가 사실은 '성적 불감증'에 시달렸다는 놀라운 이야기가 전해진다. 이 사실은 '유럽의 정부'를 연구한 하켄Haken, 토마Thoma, 오스발트 박사들이 언급했다. 퐁파두르가 자신의 불감증을 극복하기 위해 갖은 방편을 찾아다녔으며 심지어 약까지 복용했다는 것이다. 왕의 사랑을 잃게 될까봐 노심초사했던 그녀는 친구에게 편지를 써서 고민을 털어놓기까지 했다고 한다. 성적 불감증에도 불구하고 그녀가 왕의 사랑을 독차지할 수 있었다는 사실이 놀랍기만 하다.

그녀는 두 달 간 병치레를 한 끝에 1764년에 죽었다. 그녀의 관이 밖으로 나가는 것을 발코니에서 바라보고 있던 왕이 눈물을 흘리면서 "그녀가 여행하기에는 좋지 못한 날씨"라고 했다는 말이 오늘날 사람들의 입에도 오르내릴 정도로 그녀에 대한 왕의 사랑은 두터웠다.

퐁파두르는 성적 불감증의 여자였고, 디안 드 푸아티에는 왕보다 열아홉 살이 더 많았다. 만약에 왕들이 정부들과의 성애만을 중요하게 여겼다면 퐁파두르도, 디안 드 푸아티에도 정부의 자리를 지키는 것이 어려웠을 것이다. 이로 미루어 보건대 남녀 사이에는 성애가 아닌 인간적이고 내면적인 관계가 필요하다는 것을 짐작할 수 있다. 그렇지 않고서야 성적 불감증에 시달렸던 여자, 또 열아홉 살이나 많은 여자가 어떻게 왕의 정부가 될 수 있었겠는가?

이중결혼을 옹호한 루터의 해괴한 논리

독일 헤센 주에서 마르틴 루터와 함께 종교개혁을 주도했던 필립(Philipp of Hessen, 1504~1567)은 필자가 공부한 마르부르크 대학을 1527년에 세운 유능한 인물이다. 부인과 정식으로 결혼한 그는 16년간 일곱 명의 자식을 두었음에도 자주 매춘부를 찾았던 모양이다. 어느 날 여동생이 그에게 여러 매춘부와 즐기지 말고 차라리 한 여자를 구해서 옆에 두라고 권했다. 그 말도 일리가 있다고 여긴 그는 정부를 찾았는데 이제 갓 열일곱 살 된 처녀가 간택되었다. 그녀의 어머니는 딸을 필립에게 넘기면서 강력하게 요구했다. 딸을 데리고 가는 대신 돈 지불은 물론이요. 딸을 정부(프리델)가 아닌 합법적인 혼인(문트)을 한 부인으로 삼아 달라는 것이었다.

귀족이었으므로 돈 지불은 어렵지 않았지만 문제는 합법적인 부인으로 삼아 달라는 요구였다. 그에게는 엄연히 부인이 있었기 때문이다. 그는 종교개혁을 함께 시도했던 루터와 이 문제를 논의했다. 바티칸의 '거대한' 음모에 지친 나머지 종교개혁을 부르짖은 루터였지만, 필립의 청은 거절할 수 없었던지 그도 어쩔 수 없이 권력과 손잡고 이 문제를 해결하기 위해 음모를 짜내기에 이른다. 루터는 이때부터 필립이 이 열일곱 살의 여자를 어떻게 정식 부인으로 삼을 수 있을지 고심을 거듭했다.

루터는 1539년 8월 10일 필립의 결혼 문제를 논의하기 위한 회의를 열었다. 이 회의에는 비텐베르크의 종교개혁가들이 한자리에 모였다. 이 지역은 종교개혁을 한 곳이라 교황과 연관 지을 필요는 없다. 심각한 회의 끝에 이들이 짜낸 대안이 참으로 어처구니없다. 이들은 먼저 성경 마태복음 19장을 들먹였다. 여기서 예수가 일부일처제를 강조했던 것은 사실이지만 모든 것에는 반드시 '예외'가 있다는 것이 이들의 주장이었다. 그들은 이런 논리를 갖다 대었다. "만약에 부인이 나병에 걸렸다면 남편은 부인이 비록 살아 있을지라도 두 번째 부인을 맞을 수 있다"는 것이다. 즉 어떤 전제조건이 타당하다면 예외적인 것을 적용할 수 있다는 것이 그들의 주장이었다.

그들은 이 예외를 필립에게 적용시켰다. 만약에 필립이 열일곱 살의 정부를 들인 후 주위의 몇 명만 알게 하고 감추고 쉬쉬하는 것보다는 두 번째 여자와 정식으로 결혼하는 것이 더 낫다는 논리를 펼쳤다. 그렇게 되면 이 여자는 물론 귀족인 필립의 품위도 전혀 손상을 입지 않는다는 것이었다. 이런 이유를 갖다 붙인 뒤 둘의 결혼을 합법적으로 인정한다면서 모두의 서명을 덧붙였다.

후에 루터는 이 일 때문에 많은 지탄을 받았다. 루터는 바티칸의 부정부패를 참다 못해 종교개혁을 일으킨 장본인인데 그가 하고 있는 행동 역시 바티칸의 부정부패와 다를 바가 없는 데다가 그의 종교개혁을 지지해준 필립을 옹호하기 위해 성서를 자의적으로 해석하면서까지 필립의 두 번째 결혼을 성사시켰으니 말이다. 당시 바티칸의 비리가 '확대 스캔들'이라면, 루터와 무리들이 필립에게 베푼 것은 '축소 스캔들'이라는 점이 다를 뿐이다. 그런데 이런 '확대 스캔들'이나 '축소 스캔들'이 역사 속에서만 있는 것은 아니다. 세상을 관찰해 보면 '오늘날에도 여전히 도처에서' 이런 일이 일어나고 있다는 사실을 알 수 있다. 그래서 역사는 반복된다고 말하는 것인지도 모른다.

이처럼 당시는 부인 외에 또 다른 정식 부인을 두는 것은 일종의 범죄에 속했다. 심지어 뉘른베르크의 설교가 뤼크아Luecka는 이런 형태로 살았던 사람을 포대기에 넣어 도나우 강에 던지기도 했다. 1558년에 슈나이더라는 남자가 사형을 당했는데, 이유는 정식으로 결혼한 부인이 두 명이었기 때문이었다. 1560년 일흔두 살의 어떤 남자도 이런 이유로 목을 잘렸다. 1687년의 첼레Celle의 기록에는 비밀스럽게 다른 지역에서 결혼식을 올린 여자가 사람들이 모인 시장에서 당나귀에 묶인 채 30분마다 여섯 바구니의 물세례를 받았다는 기록이 등장한다. 이들은 루터와 비슷한 시기에 살았던 사람들이다. 이들이 루터와 그의 추종자들을 알았더라면 죽지 않고 목숨을 부지했을지 내심 궁금하다.

메로빙거와 카롤링거 왕조 시대의 결혼

메로빙거 왕조(Merovingian Dynasty, 5세기초~751년)는 프랑크족 파의 왕조이다. 힐데리히Childerich가 482년까지 메로빙거 왕조를 이

끌었고 그의 아들 클로비스(Clovis, 466~511)가 왕권을 이어받았지만 왕권이 약해지자 부하로 있던 카를 마르텔(Karl Martell, 688~741)이 실권을 쥐고 정치를 하다가 마르텔의 아들 피핀 3세Pippin der Juengere가 메로빙거 왕조를 완전히 정복하고 카롤링거Carolingian Dynasty 왕조를 세웠다. 게르만족을 통일시킨 이가 바로 카롤링거 왕조의 그 유명한 샤를마뉴(Charlemagne, 카를대제라고도 함, 742~814)이다.

카롤링거 왕조는 그의 아들 경건왕 루이(Ludwig 1세, 루트비히, 778~840)가 왕권을 이어받았고 루이의 사망 이후 그 아들들에 의해 세 나라로 분리된다. 로타르(Lother, 795~855)는 이탈리아와 프로방스 지방을, 독일 왕 루트비히(805~876)는 독일 쪽의 영토를, 또 다른 형제인 대머리왕 카를(Kahl Kahlen, 샤를 또는 카를루스 2세, 823~877)은 서쪽지역을 분할 받은 것이다.

이들은 같은 뿌리에서 나왔지만 나라가 갈라지면서 문화와 관습이 매우 다른 별개의 나라가 되었다. 842년에 동프랑크와 서프랑크가 회의를 하기 위해 만났을 때 통역관이 있어야 할 정도로 서로 다른 언어를 사용했다는 기록이 전해진다. 지금 독일어와 프랑스어가 서로 다른 것을 보면 어느 정도 짐작할 수 있을 것이다. 두 왕조가 통치하던 시대는 쾌락과 잔혹함, 냉혹함이 늘 서려 있었다. 사학자 막스 바우어Max Bauer는 메로빙거 왕조의 잔혹함을 다음과 같이 묘사했다.

하우스마이어Hausmeier 직을 가진 에브로인Ebroin이 죽도록 미워하던 이가 있었는데 레오데가르Leodegar라는 주교였다. 에브로인은 그를 너무나 증오한 나머지 그의 눈을 떼어내라고 지시했다. 그는 주교를 맨발로 걷게 하고 뾰족한 돌에 찔리게 했다. 그것도 모자랐는지 그의 혀와 입술을 자른 뒤 발가벗겨 더러운 거리로 끌어냈다. 에브로인은 상처 입은 주교를 어느 수도원에 보내 2년을 지내게 한 뒤 한 귀족의 손에 넘겼다. 에브로인은 은연중 이 귀족이 자기편이 되어서 주교를 죽음으로 내몰기를 바랐지만 이 귀족은 주교를 죽이기는커녕 그가 잘살 수 있도록 다른 수도원으로 보내주었다. 그곳에서 주교는 비록 눈이 멀었지만 사제로서의 역할을 충실히 행했다. 주교의 안정된 생활을 보다 못한 에브로인은 주교를 다시 끄집어내어 숲으로 데려가 목을 자르고 말았다. 후에 에로브인의 인생도 순탄치 않아, 그도 결국 살해당하고 말았다.

종교라는 이름으로 이런 흉악한 일이 일어나던 시대였다. 교회 밖도 마찬가지였다. 돈을 빌려간 이가 그 돈을 갚지 못하면 그에 상응하는 대가를 반드시 치러야 했고, 사람의 목숨을 빼앗는 것을 주저하지 않는 시대였다. 이처럼 죽고 죽이는 복수전이 자주 일어나는 바람에 사회는 늘 흉흉했다.
카롤링거 왕조의 샤를마뉴는 이런 잔혹한 사회 분위기와 도처에 넘실대는 쾌락적인 삶에 혀를 내둘렀다. 그는 제발 바르게 살자며 법을 만들고 법전을 반포해 이런 험악한 시대 분위기를 정화하는 데 앞장섰다. 그의 통치 덕분에 카롤링거 왕조는 전성기의

꽃을 피웠고 그는 후세에 '대제'라는 이름으로 불리게 되었다. 그는 800년에 교황 레오 3세(St. Leo III, 재위 795~816)에게 황제관을 받았고, 그리스도교를 전파하는 데 앞장서기도 했다.

엄한 처벌법을 들고 나왔던 샤를마뉴였지만 본인은 이런 법망을 교묘히 빠져나와 살았다는 것이 놀랍기만 하다. 민중을 다스리기 위한 법이었을 뿐 그는 위에 나열한 결혼 형태는 모두 취할 정도로 사생활이 복잡했다. 카롤링거 시대의 모습을 샤를마뉴의 딸의 이야기를 통해서 들어보자. 그녀의 이름은 베르타(779~829)이다. 그녀는 당시 카롤링거 궁중의 생활은 물론, 그녀의 개인생활에 대한 자취를 글로 남겼다. 이 글에선 베르타가 화자가 되어 '나'로 글을 진행한다.

베르타가 전하는 샤를마뉴 가족 이야기

많은 세월이 흘렀어요. 정정했던 나의 아버지 샤를이 침대에 누워서 죽을 날만을 기다리고 있네요. 평소 통풍 때문에 고생했던 아버지는 임종이 임박한 상황입니다. 쾰른의 대주교인 힐데바르드가 아버지의 임종 준비를 하고 있습니다. 사실 아버지의 죽음은 그리 놀랍지 않아요. 아버지 나이가 일흔이 넘었기 때문이지요. 일흔! 정말 오래 살았기 때문에 모두들 아버지가 죽을 날을 기다리고 있어요(당시 일흔 살은 오늘날의 90~100세와 같다. 인간 수명이 짧았던 시대였기에 당시는 쉰만 넘어도 노인층에 속했다. 카를 2세Kahl der

Kahlerk가 쉰네 살까지, 루트비히가 예순두 살까지 살았는데 이들 역시 장수한 것이다. 심지어 샤를마뉴의 경우는 일흔두 살까지 살았기에 당시로서는 장수 노인에 속했다).

나는 이미 아버지가 써놓은 유언장 내용을 알고 있어요. 많은 재산 중 일부는 자식들에게 나누어 주었지만, 나머지는 교구청과 시에 기증했답니다. 경건한 오빠 루이가 나를 수도원으로 몰아내기 위해 계략을 세운다는 것도 나는 알고 있지요. 나는 수도원에 갈 생각이 없답니다. 내 의도와는 전혀 다르게 오빠는 왜 나에게 강압을 행사하려고 하는지요? 그의 뜻을 맹목적으로 따를 수는 없어요. 지금 내 나이 서른다섯 살! 나는 정말 매력적인 여자인데 무엇 때문에 수도원에 들어가 평생 검은 옷을 입고 살아야 한단 말인가요? 나는 정말 싫습니다.

지금 아버지가 누워 있는 침상을 다시 바라보니 인생무상이 느껴지네요. 그토록 늠름했던 아버지가 저렇게 죽어가는 모습을 봐야 한다니요! 아버지는 '말 위의 정치가'였지요. 그럴 수밖에 없었어요. 커다란 왕국의 통치자인 아버지가 자신의 통치 지역에 오랫동안 얼굴을 내밀지 않으면 귀족들이 황제를 소홀히 대하고 무시하다가 여차하면 반란을 일으키곤 했으니까요. 그래서 아버지는 늘 말을 타고 통치 지역을 둘러보러 다녔어요. 사람들은 그래서 아버지를 '말 위의 정치가'라고 불렀던 것이지요.

당당했던 아버지도 이제는 스스로 죽음을 예감하고 떠날 준비를 하고 있네요. 전쟁광이었던 아버지! 아버지는 늘 전쟁에 걸맞는 옷차림을 하고 있었어요. 무명으로 만든 윗옷을 즐겨 입어서 촌부 같다는 평을 받기도 했지요. 물론 아버지 앞에서는 어느 누구도 그 말을 못했지요. 다들 뒤에서 기이한 차림이라고 수군거렸을 뿐이에요.

아버지는 한 장소에 오래 머문 법이 없었어요. 한 지역에 6주 이상은 머물지 않았지요. 황제의 행차가 단순하겠어요? 아버지는 항상 어마어마한 숫자의 수행원을 거느리고 다녔어요. 인원이 적을 때는 300명, 많을 때는 1000명 정도를 헤아렸어요. 지금 근방의 큰 도시라고 해봐야 몇천 명 정도의 인구가 고작인데 아버지가 이런 숫자의 수행원들을 이끌고 다녔으니 어떤 때는 도시민을 다 동원해도 아버지 행렬에 미치지 못했어요. 아버지와 그 수행원들을 영접했던 지방의 귀족들도 무척 힘들었을 거예요. 아버지가 어떤 수도원에 숙박할 때였는데, 이 수도원에서 아버지와 수행원을 위해 미리 음식을 준비하지 못한 적이 있어요. 아버지는 그때 몹시 성을 냈답니다.

아버지와 함께 다녔던 길도 생각나네요. 아버지는 큰 바퀴 달린 마차에 우리—부인, 자식, 손자—를 태우고 그의 마차 뒤를 따르게 했지요. 불편한 마차 그리고 울퉁불퉁한 길이 나는 너무 힘들었어요. 그래도 아버지는 고집이 셌지만 부지런한 분이셨어요.

이제는 아버지의 정부들을 나열하겠어요. 첫 번째 여자는 절세미인인 히밀투르드이지요. 우리 집 장자인 피핀(Pepin the Hunchback, 768년~ 811)을 낳은 여자이지요. 그렇지만 피핀은 왕위 계승을 할 수 없었어요. 히밀투르드와 아버지가 교회 결혼을 하지 않았기 때문입니다. 아버지의 처음 결혼은 말하자면 프리델 결혼이었답니다. 높은 귀족 출신이었지만 이런 이유로 그녀는 정부로 머물 수밖에 없었지요. 아버지가 이 여자와의 사이에 낳은 아들이 곱사등이 피핀이에요. 피핀 오빠는 청년기에 아버지를 상대로 반란을 시도했답니다. 아버지는 이 일에 함께 가담했던 피핀의 친구들을 모두 사형시켰지만 피핀의 목숨만은 살려주었어요. 아버지는 열여덟 살의 오빠를 어느 수도원에 넣었어요. 하지만 제 명을 다하지 못한 오빠는 일찍 저세상으로 떠났답니다. 왕족으로는 나무랄 데 없는 미남이었지만 곱사등이로 태어난 것이 그의 슬픈 운명이었지요.

아버지의 두 번째 여자는 데시데라타랍니다. 이번에는 부모의 권유에 따른 정치적인 동맹으로 맺어진 문트 결혼이었어요. 정치 동맹이 깨지자마자 아버지는 그녀를 다시 친정으로 보냈어요. 그녀가 아이를 낳지 못한다는 이유를 덧붙여서요. 아버지는 문트 결혼을 한 여자들만 '정식 부인'이라고 칭했지요. 다른 여자들은 프리델 결혼에서 나온 부인들이라 칭했는데 한 마디로 정부라는 뜻이지요.

세 번째는 힐드가드Hildegarde와 결혼했는데 아버지의 정실이자 바로 나의 어머니랍니다. 12년간의 결혼 생활 동안 어머니와의 사이에서 아버지는 아홉 명의 자식을 두었지요. 네 명의 아들과 다섯 명의 딸이 태어났어요. 나는 그중 일곱 번째였어요. 루이 오빠와 내 밑으로는 두 명의 여동생 기젤라와 테오도라가 있답니다. 내가 다섯 살 때 어머니는 스물여섯 살의 나이로 죽었지요. 아버지는 내 어머니를 조상의 묘 옆에 묻어 주었어요.

어머니가 죽고 1년 후 아버지는 매력적인 파스트라다와 문트 결혼을 했어요. 그녀와의 사이에 힐드루트가 태어났지요. 파스트라다가 죽었을 때 궁에는 소문이 무성했어요. 그녀의 죽음을 너무 슬퍼한 나머지 아버지가 왕으로서의 체면을 잃었다고 수근거릴 정도였으니까요. 아버지는 그녀의 시신 옆에서 울고 또 울었답니다. 아버지가 그녀를 사랑했기 때문이라고 말하겠지만 천만에요! 나는 알고 있지요. 그녀가 죽기 전부터 둘 사이가 이미 삐걱거리고 있었답니다. 아버지는 그 다음엔 루이트가르트 Alemannin Luitgard와 결혼했어요. 4년 뒤 그녀는 자식 없이 죽었는데 이 여자가 아버지와 문트 결혼을 한 마지막 정식 부인이랍니다.

그 이후 아버지는 결혼 같은 것은 더 이상 거들떠보지 않더군요. 여자가 없었다는 게 아니라 더 이상 문트 결혼은 안했다는 뜻이지요. 아버지에게 정식 부인이 필요했겠어요? 그냥 즐기면 된다는 생각을 했던 것 같아요. 아버지에게는 넉넉한 숫자의 아들딸이 있고, 상속자인 아들까지 있었으니까요. 그 이후 아버지는 프리델 결혼으로 맺어진 다섯 명의 정부를 데리고 그냥 즐기며 살았어요.

아버지는 늘그막에 게르스빈데라는 여자를 총애했어요. 궁중의 경건한 이들은 아버지의 사랑을 쑥덕거리며 안 듣는 곳에서 질책을 해댔지만 아버지 앞에서는 아무 소리도 못하더군요. 아버지는 그녀와의 사이에 낳은 자식 여섯 명을 훌륭하게 교육시켰고 모두 수도자와 수녀로 만들었지요. 정부 마델그라트와의 사이에 낳은 딸도 수도원으로 보냈는데 그녀는 나중에 수도원장이 되었지요. 정부 레기나와의 사이에서 낳은 아들 하나는 주교가 되었고, 또 다른 아들은 수도원장, 정부 아델린데의 아들도 수도자가 되었지요. 이들은 정식 결혼에서 태어나지 않았다는 이유로 영원히 정부의 자식으로 머물 수밖에 없었지요.

······재미있는 이야기 하나 할까요? 아버지가 죽고 난 뒤 베틴의 한 수도자가 그의 환상 속에서 아버지를 보았는데 아버지가 연옥에서 상당한 고통을 당하고 있었답니다. 죄목은 살아생전에 여러 여자를 거느렸기 때문이랍니다(사람들에게 여러 여자들을 거느리지 말라고 설교하기 위해 교회에서 이런 환

상을 집어넣은 것이 아니었을까 추측한다).

아버지는 특이한 분이셨어요. 사랑하는 여자들은 물론이고 딸들을 시집 보낼 생각을 하지 않았으니까요. 아버지는 우리를 늘 그의 옆에 두고자 했답니다. 나이 찬 딸인 우리가 아직 결혼을 하지 않은 것은 아버지의 뜻 때문이에요. 로트루트는 비잔틴의 콘스탄틴 6세와 약혼한 적이 있어요. 그러나 후에 정치적인 이유로 파혼을 했지요. 로트루트는 그를 본 적도 없는데 양가 어른들이 결혼을 결정하더니, 정치적인 이해관계가 끝나자마자 다시 없던 일로 해버리더군요. 그 이후 그녀도 궁에서 우리와 함께 살고 있어요. 그녀는 로리히라는 귀족과 열애를 했고, 그와의 사이에 아이까지 두었어요.

사실 내게도 비슷한 일이 있었어요. 내가 열 살 때였어요. 영국 왕의 딸과 오빠 샤를의 결혼을 고려중이었지요. 그런데 영국 왕이 나를 자기 아들과 결혼시켜 며느리로 삼고자 했어요. 이런 겹사돈 청에 화가 났던 아버지는 두 혼사 모두 파기 시켰지요(후세의 학자들은 그가 딸들을 궁에 둘 수밖에 없었던 이유를 설명했는데, 그가 자기 딸들의 신분에 상응하는Standesgemaess 남편감을 쉽게 찾을 수 없던 것이 가장 큰 이유라고 했다. 이 말은 당시 카롤링거 왕조와 동등한 위치의 유럽 왕조의 아들들이 없었다는 뜻이자 카롤링거 왕조가 유럽 왕실의 최정점에 있었다는 뜻을 내포하고 있다. 그는 사위를 한 단계 낮춰 맞이하기 싫었을 뿐 아니라, 그의 왕실이 정치적인 '결혼 장사'를 구태여 하지 않아도 될 만큼 튼튼했다는 의미이기도 하다. 그의 힘과 명망은 이미 교회가 받쳐주고 있었기에 더더욱 필요성이 없었다).

나 역시 마찬가지랍니다. 내 연인이 누군지 상당히 궁금하지요? 그의 이름은 안질베르토(Angilbert, 750~814)랍니다. 그는 시인, 외교관이지만 사

광대를 불러 연회를 즐기고 있는 중세의 귀족들을 묘사한 그림. 장 프루아사르 책에 실려 있다.

실은 허울뿐이고 그의 실제 직업은 좀메-뮌디 궁에 있는 젠툴라 수도원 원장입니다. 수도원 원장이 한 여자의 애인이 될 수 있느냐고요? 당시는 이런 일들이 자주 있었어요. 교회 윤리와는 무관하게 수도자들도 여자들과 즐겼답니다. 내 애인에 대해서 좀 더 소개해 보지요.

그는 귀족 출신 수도자인데 외교 수완이 뛰어나서 아버지 눈에 들어 샤를마뉴 궁에서 근무하게 되었지요. 그는 궁에 일이 있으면 꼭 나를 찾아 왔어요. 그는 늘 밤에 왔다가 아침에 동이 트면 내 방을 떠났지요. 우리는 이 일을 비밀로 숨겼지만 결국은 아버지가 알게 되었어요. 아버지는 처음에 우리 관계를 무척 못마땅하게 여겼지요. 나를 마치 죄인 대하듯이 하다가 언젠가부터 관용을 베풀고 눈감아주었어요. 그렇지만 너무 경건한 루이 오빠는 나를 제대로 된 인간으로 대하지 않고 있으니 무척 괴롭습니다. 뻔뻔하다고요? 나도 할 말은 있답니다. 사실 궁에서 이런 일은 일상적으로 일어나고 있어요. 윤리라는 것은 땅바닥을 긴지 오래되었어요. 수도원장인 안질베르토조차도 나에게 교리를 들려주거나 성서를 근거로 삼은 많은 윤리를 조목조목 짚어주기도 했다니까요. 이 법에 따르면 성애는 결혼한 사람끼리만 할 수 있는 것이고 다만 자식을 낳기 위한 수단임을 알 수 있어요. 그런 법을 당연히 알고 있음에도 그는 수도자로서 나와 천연덕스럽게 이런 사랑을 즐긴 거예요.

사람들은 연애와 결혼을 쉬쉬했지만 금세 비밀이 들통 나곤 했어요. 나는 그 이유를 알고 있지요. 교회에서 하는 고백성사 때문이랍니다. 누구든지 교회에서 고백을 해야만 하는데, 사제가 물으면 사실 그대로 말해야 하니 도대체 숨길 수가 없는 거예요. 고백할 때면 사제는 대뜸 이렇게 묻는답니다. "너희 부부끼리 성애를 하면서 혹시 개들처럼 하지 않았느냐?" 이런 사제의 물음에 대개의 신자들은 무서워서 덜덜 떨면서 사실 그대로를 고백하고 말지요. 하느님이 지금 사제를 통해서 묻고 있고, 바라보고 있다고 생각하니까요. "예스"라고 대답하면 당장 속죄하라며 "10일간 물과 빵만 먹고 살라"고 하더군요.

사제는 신자들을 대상으로 엄한 잣대를 갖다 대지만 나의 애인 안질베르토 수도원장은 결혼도 하지 않은 나와 성애하는 짓은 죄가 아닌 것으로 간주하더군요. 사실 우리 두 자매가 윤리책에 따른 단죄를 받는다면, 분명 우리는 개처럼 10일 동안 물과 빵만 먹어야 했을 거예요. 그렇다면 나의 연인 안질베르토 수도원장도 10일간 빵과 물만 먹어야겠지요. 우습지 않은가요? 한쪽에서는 신자들에게 성사를 주면서 죄를 캐묻고, 나의 연인 수도원장은 나와 함께 성애를 즐기며 죄를 저지르고 있으니까요. 우리가 이렇게 교회 윤리에 저촉되게 살아도 왕의 딸 그리고 수도원장이었기에 예외적으로 살 수 있었겠지요.

윤리 카탈로그를 좀 더 소개해 볼게요. 남자들이 혼자 수음하면 10일간 속죄를, 둘이 수음하면 30일간 속죄를, 아이가 목적이 아닌 즐기는 목적으로 부부간의 성애를 하면 10일간 속죄를 해야만 하지요. 사람들은 오직 교리를 통해서만 삶을 이해하려고 한답니다.

이런 윤리 카탈로그와는 상관없이 나는 수도원장과의 사이에서 두 아이까지 낳아서 길렀답니다. 이름은 하르트니트와 니트하르트이지요. 만약에 윤리적인 잣대를 갖다 대면서 아버지가 우리를 부정적으로 대했더라면, 우리 둘은 벌써 궁에서 쫓겨났을 뿐만 아니라, 성기 또한 잘렸을지도 모르지요. 나의 고백을 통해서 볼 수 있듯이 왕실과 지배층은 엉망진창이었지만 민중들에게는 늘 윤리 카탈로그를 제시해 엄하게 컨트롤해 나갔지요.

……그렇지만 요즘 들어 내 정부 안질베르토는 달라진 것 같아요. 그는 요즘 기도 생활에 자주 몰입하고 있답니다. 아버지가 죽자마자 오빠는 나를 궁에서 쫓아냈어요. 경건한 종교심을 가졌던 오빠는 결혼하지 않은 여동생이 수도원장과 사랑에 빠진 데다 그와의 사이에 아이 둘까지 낳아 길렀으니 얼마나 보기 싫었겠어요. 아버지의 권력을 계승하자마자 나부터

내친 것이지요.

그녀의 서술은 여기까지이다. 그녀가 어디로 어떻게 쫓겨났는지는 이 자료에서 찾을 수 없다. 다른 자료를 찾아보니 그녀는 수도원에 들어가 일생을 마쳤다고 전해진다. 경건왕 루이 1세는 권력을 잡자마자 시집도 안간 여동생들이 궁에서 벌인 추한 꼴을 즉시 정리했다. 그런데 이 '경건한 왕 루이'도 후에 자기 자식 때문에 애를 먹었다. 그의 아들 로타르 2세Lothar II가 할아버지 샤를마뉴의 피를 그대로 받았는지 여성 편력이 강했던 것이다.

로타르 2세는 이미 결혼한 부인인 튜트베르가Thiedbergs를 못마땅해 하다가, 그녀를 아예 어떤 성에 가두어 버렸다. 사랑하는 애인 발트라다데Waldrade 때문이었다. 그녀는 귄터라는 쾰른 주교의 여동생이었다. 교회가 간섭한 시대라고는 해도 오빠가 주교의 위치에 있다면 동생에게 그런 결혼은 해서는 안 된다고 으름장을 놓아야 하지 않았을까?

그는 부인을 성에 가두고 새 애인과 행복하게 살려고 했지만 그의 뜻대로 되지 않았다. 교황 니콜라오 1세(St. Nicolaus I, 재위 858~867)가 "성에 갇혀 있는 첫 부인을 풀어서 자유롭게 하고 정부인 발트라다데를 영원히 포기하라"고 명령한 것이다. 그렇지만 그는 포기하지 않았다. 교황이 하드리아노 2세(Hadrianus II, 재위 867~872)로 바뀌자 그는 발트라다데를 데리고 로마로 가서 제발 이 여자와 결혼하게 해달라고 간청했다. 그러나 그의 소원은 끝내 이루어지지 않았다. 교황 하드리아노 2세 역시 발트라다데와 즉시 헤어지라고 충고한 것이다. 그리고 속죄를 증명하기 위해서 당장 영성체를 모시라고 했다. 그는 이러지도 저러지도 못하는 진퇴양난을 겪다가 병으로 사망했다.

샤를마뉴의 딸과 사랑 놀이를 한 수도원장 안질베르토는 교회에서는 매우 높이 평가되는 존재여서 가톨릭에서는 그를 성인품에 올렸다. 교회사전에도 그는 '샤를마뉴의 딸과 결혼하지 않고 두 아들을 낳았다'고 기록되어 있다. 그의 두 아들 하르트니트와 니트하르트도 아버지 안질베르토에 대해 언급했다. 연대기 사가인 하리울프Hariulf, 안셔Anscher 그리고 아인하르트Einhard도 이 수도자에 관한 글을 많이 남겼는데 후에 그는 베르타와의 사랑을 청산하고 극기의 삶을 살다가 814년에 생을 마감했다.

그가 특별히 수도원에서 한 일은 시, 서간문, 수도원에 관한 책 등 귀중한 자료를 많이 남긴 것이다. 결혼하지 않은 수도자로서 성애를 즐겼고 황제의 딸을 끼고 호화롭게 한세상을 살다 간 그가 성인품에 오른 것을 보면 사실 의아하기는 하다(혹 가톨릭 신자인 사람이 이 글을 읽는다면 사실 그대로의 교회사로 이해해야만 한다. 즉 개인 신앙과 교회사는 구분해야만 한다).

몇 세기가 흐른 뒤에도 이와 유사한 일이 여전히 계속되었다. 1212년, 스트라스부르크의 한 주교는 독신을 지키지 않은 100명의 사제를 쫓아냈다. 1284년, 독일과 오스트리아와의 국경 도시인 파싸우의 기록보관소에는 다음과 같은 기록이 전해진다. "사제가 여자와 같은 집에 살면 속죄로 20번 미사를 참여해야만 한다."
정부를 가진 수도자가 속죄하는 방법이 적힌 카탈로그도 있었다.
'12번 미사 참례, 상황에 따라서는 6번 미사 참례 금요일 물과 빵
만 먹는 단식' 등이 그것이다. 윤리책에 주어진 대로 단식하고 보
속을 하기만 하면 그런 생활을 계속해도 된다는 뜻인지 궁금하다.
근본 뿌리는 해결하지 않고 올라오는 나뭇잎만 건드리는 것이 아
니었을까.

3장

중세의 연애와 구혼 풍속

남편이 아이를 낳지 못해서 대가 끊길 경우, 남편은 직접 이웃집 남자를 찾아가 자기 부인과 잠자리를 가져달라고 부탁했다. '결혼을 도와주는 남자'와 부인과의 잠자리가 성사되면 남편은 첫날밤을 치른 이들에게 '신부닭'이라고 칭하는 닭고기를 가져다주었다. 중세에는 자손에 대한 염원이 깊었기 때문에 '결혼을 도와주는 남자'를 통해서라도 대를 잇기를 간절히 바랐으며 이를 이웃돕기의 일종으로 생각했다.

지금까지 서술한 내용이 '일반적'인 중세 문화사였다면 지금부터의 내용은 학자들이 각 지방의 특수한 풍속을 연구한 것이라는 점을 염두에 두고 읽기 바란다. 필자 스스로도 이런 자료를 접하면서 처음에는 의아함을 감출 수 없었다. 남녀 간의 성애를 두고 학자마다 이렇게 차이나는 해석과 잣대를 갖다 대고 있는 것이 놀라웠기 때문이다. 여기서 필자가 내린 결론은 일반적인 중세 문화사가 있고, 시대마다 나라마다 지역마다 다른 풍속들이 중세 유럽에 존재했다는 것이다.

유럽의 중세는 첫째, 1000년이라는 세월이라는 것, 둘째, 영토가 매우 넓다는 것, 셋째, 시대마다 나라마다 지방마다 다른 풍속이 전해져 왔다는 것, 이 세 가지의 전제를 가지고 바라보아야 한다는 것을 깨달았다. 조선시대만 보아도, 유럽의 중세 1000년의 세월보다 짧은 시간인 데다 영토 또한 유럽에 비해 작았지만 다양한 지역에서 매우 다양한 풍속들이 발전, 계승되지 않았는가. 유럽은 조선보다 몇십 배 더 큰 지역인데다 1000년의 세월이 녹아 있으니 그 다양성은 말할 나위 없을 것이다.

여기 적힌 이야기들은 사학자 피셔Fischer 교수의 1780년의 기록, 막스 바우어의 1860년의 기록, 그리고 1900년대의 다른 여러 학자들이 남긴 연구물을 토대로 기록한 것이다. 이들은 수세기 전 유럽 중세 처녀총각들의 구혼, 결혼 풍속도를 남겨 놓았는데 여기서 가장 주목할 것은 '시험의 밤'이라는 풍속이다. 여기에는 '찾아가는 밤' 과 '증빙의 밤'이 포함된다. '찾아가는 밤' 과 '증빙의 밤'이라니

15세기경에 그려진 사랑하는 연인들의 모습.

꼭 소설 제목 같지만 이것은 스위스 및 독일의 슈바벤 지방, 바이에른 지방, 프랑켄 지방(프랑켄 지방의 프랑크 왕국은 게르만족의 이동 때 고古게르만인인 서西게르만계의 프랑크족이 세운 왕국이다. 카롤링거 및 메로빙거 왕조가 여기서 탄생했다)에서 전해 내려오는 남녀의 구혼 방법이다. 이 '시험의 밤'에 젊은 남녀들은 도대체 무슨 실험을 한 것일까.

'찾아가는 밤'의 풍속

먼저 '찾아가는 밤, 또는 찾아오는 밤'이라는 풍속을 살펴보자. '찾아가는 밤'은 구애를 의미한다. 특이한 점이라면 대낮에 하지 않고 밤에 구애를 했다는 점이다. 그것도 한밤중에 총각이 처녀를 찾아가다 보니 이름도 '밤에 찾아가다'라는 뜻인 '찾아가는 밤'이라고 붙여졌다. 기이하긴 하다. 한밤중에 총각이 처녀의 방을 찾아가는데, 문을 두드려서 열어주면 들어가는 것도 아니고 기기묘묘한 방법으로 처녀의 방에 들어갔으니 말이다.

마을 총각들은 때로는 지붕을 통해서, 처녀 방이 다락방 곁에 있을 경우는 다락방 창문을 통해서 처녀의 방에 들어갔다. '찾아가는 밤'의 총각들은 어떻게 하면 다른 이들보다도 더 위험한 방법으로 처녀의 방을 찾아갈 수 있을지 고심하였다. 가급적이면 모험에 찬 밤의 방문을 하고자 한 이유는 중세의 기사를 흉내 내고 싶은 마음 때문이었다. 처녀의 방을 어렵게 찾아가면 갈수록 처녀에 대한 사랑의 크기 또한 크다고 생각했으므로 가급적이면 기이한 방법을 택하려고 애를 썼다. 후에 이런 방법을 통해서 결혼하게 된 부부는 세월이 흐른 후 자식이나 손주에게 그들의 결혼 과정을 영웅담처럼 들려주었다고 피셔는 밝히고 있다.

창문을 타거나, 지붕을 뚫는 비정상적인 방법으로 한밤중에 처녀의 방을 찾은 총각은 처녀와 무엇을 했을까? 남녀 간에 불장난이라도 했을까? 이 풍속에도 서면으로 정한 법은 없었다. 하지만 암묵적인 마을 법이라는 것은 있었다. 영웅적인 방법으로 처녀의 방을 찾은 총각은 첫 방문을 했을 때 처녀와 섹스를 하거나 에로틱한 짓을 해서는 안 되었다. 그럼 무엇을 했을까?

밤에 불한당처럼 사랑을 품고 쳐들어간 총각은 처녀의 침대에까지는 들어갈 수 있었지만 함께 옷을 입은 채 침대에 누워서 몇 시간 동안 단지 이런저런 대화를 나눌 수만 있었다. 당시에는 텔레비전도 없고 라디오도 없던 시대이니 마을에서 일어난 여러 가지 사건들에 대해서 이야기를 나누는 게 고작이었을 것이다. 올 농사가 어떻게 될 것인지, 가축은 잘 자라고 있는지, 마을 사람 누구는 성격이 이렇고 저렇고 등등 이야기를 나누다가 처녀가 잠이 들면 총각은 처녀의 방을 떠나야만 했다. 만약 이런 절차를 무시한 채 처녀의 방에서 밤을 지새우거나 함부로 하겠다고 난동을 피우는 총각은 마을 사람들에게 호된 처벌을 받았다.

피셔가 전하는 예외적인 곳은 스위스의 한 지방뿐이다. 이곳은 다른 곳과는 달리 처녀의 방을 찾은 총각이 처녀와 함께 밤새 있을 수 있었다. 다음날 아침 처녀의 엄마는 이 둘에게 마실 것을 전달하고 이들과 침대 맡에 함께 앉아서 아침빵을 먹었다고 한다. 그렇지만 총각이 간밤에 딸에게 의심 가는 짓을 했다는 낌새를 알아차리면 당장 내쫓기도 했다.

아무 날이나 이런 '찾아가는 밤'을 할 수는 없었고 허락된 날—일요일과 축제일 그리고 축제일의 전날 밤— 에만 가능했다. 처녀 총각이 서로를 마음에 품으면 총각은 밤에 몇 번 더 처녀를 방문하였다. 피셔는 "이들의 대화가 깊어질수록 처녀가 입은 옷의 두께가 얇아졌다"고 표현했다. 즉 처녀가 총각에게 마음의 문을 열기 시작했다는 뜻이다. 마음의 문을 전부 열었을 경우는 총각과 잘 수도 있었다. 다음 단계는 자동적으로 결혼으로 이어졌다. 물론 그 전에 임신을 하는 수도 있었다. 그러면 결혼은 더 빨리 이루어졌다.

'찾아가는 밤'의 절차를 끝내고 잘 이루어진 밤을 '증빙의 밤'이라고 불렀다. 그러나 처녀가 찾아온 남자의 방문을 거부할 때는 남자가 폭력을 사용하는 경우도 더러 있었다. 이런 '찾아가는 밤'이 아무리 지방의 결혼 풍속이라고는 하지만 어쨌든 남자보다는 여자에게 불리한 것이라는 생각은 지울 수 없다.

마을의 한 처녀가 한 총각과 여러 번의 밤을 보내고 난 뒤에 불발로 끝나는 경우는 어떻게 했을까? 사가들에 따르면 별일은 없었다고 한다. 마을 주민들이 합세하여 그녀의 이름을 감추고 서로 보호해 주었다는 것이다. '찾아가는 밤'을 단지 짝짓기를 위한 지방 풍속으로 여겼던 이들은 처녀를 나쁘게 평하거나 손가락질하지 않았다. 서면으로 규정되지는 않았지만 나름의 질서가 보이지 않게 존재했던 모양이다. 하지만 예외 없는 규정이 없다고, 모든 게 완벽하지는 않았다. 이 풍속을 나쁘게 이용한 총각들이 있었던 것이다. '찾아가는 밤'을 함께 보내고 난 뒤 처녀가 임신을 했는데 처녀는 결혼하고자 했으나 총각이 외면했을 때는, 무책임한 짓을 한 총각은 마을 사람들에게 손가락질의 대상이 되고 그 마을에서 쫓겨나 다시는 발붙이지 못했다. 암묵적인 마을법이 이런 풍속을 컨트롤했다는 뜻이다.

또한 구혼 풍속의 속뜻을 망각하고 즐기려고만 한 사람은 벌을 받았다. 1553년 에어라쓰Erlass에서 이런 짓을 했던 남자는 벌로 물과 빵만 먹고 8일간 성에 갇혔다고 한다. 또 드문 경우지만 여자가 그랬을 경우는 물과 빵만 먹고 4일간 벌을 받았다는 기록이 남아 있다.

피셔의 보고에 따르면 이 풍속이 살아 있는 지방의 교회에서는 '찾아가는 밤'을 인정했다고 한다. 마을의 가톨릭 사제들이 나서서 딸의 아버지를 통해 이런 구혼 풍속을 넌지시 염탐하기도 했다는 것이다. 사제가 처녀의 아버지에게 "딸이 잘 지내느냐"고 근황을 물으면 의미를 알아차린 아버지가 "요즘 딸이 '밤의 방문'을 잘 하고 있다"고 숨김없이 얘기하면서 자랑까지 했다는 것이다. 당시 지방의 가톨릭 교회에서는 규제를 하거나 교리로 가로막지 않고 이런 '밤의 방문'을 마을 풍속으로 인정했다는 것을 알 수 있다.

게르만족의 풍속이 오래 남아 있는 지역일수록 연애가 개방적이었다.

독일의 작센 지방에서는 1200년경부터 이런 풍속이 크게 유행했는데 추기경 하인리히Heinrich von Segusio가 남긴 글에도 묘사되어 있다. "작센인들에게는 추하지만 합법적이고 정당한 풍속이 있다. 이것은 총각이 신부와 하룻밤을 지낸 뒤 둘이 결혼할 것인지 하지 않을 것인지 결정하는 풍속이다."

추기경이 당시 이런 이야기를 남겼다는 것은 사람들 속에 깊게 뿌리내린 게르만족의 풍속을 인정했다는 의미로 해석할 수 있다. 당시 딸을 가진 아버지가 총각에게 지참금을 주면서까지 딸의 '밤의 방문'과 거기서 연결되는 '실증·실험의 밤'을 청한 사례도 있다고 피셔는 언급했다. 물론 결혼이 성사되지 않으면 받은 지참금은 돌려주어야만 했다.

수백년 전통의 맥을 이어 온 '이런 풍속이 있는 마을'에서는 처녀들이 결혼 전 남자들과 암묵적으로 동침할 수 있었다고 피셔는 전한다. 1611년에 밤베르크의 교구에 남은 문서를 보면 당시 신부가 될 여자들은 사제의 축성을 받기 위해 결혼 전 교회에 모이는 풍속이 있었는데 이때 나타난 신부들이 대부분 임신한 채였다고 한다. 이 마을에도 '찾아가는 밤'이 성행했다는 뜻이다.

이 풍속은 제자리걸음하지 않고 진화를 거듭했다. 무작정 '찾아가는 밤'을 기다리는 것이 아니라 친구들끼리 서로 정보를 주고받으며 밤의 방문을 대비하게 된 것이다. 독일 북해 근방의 페만Fehmann 섬에 사는 마을 처녀들은 친구를 통해 그날 밤 누가 자신에게 올 것인지 미리 통고받았다. 한 총각이 나타나서 창문을 타고 올라가기 전 미리 처녀에게 "작은 소녀!"라고 부르면 처녀는 두 가지 반응으로 자신의 마음을 표현할 수 있었다. 별로 마음이 끌리지 않는 총각이 불렀을 때는 "돌아가요. 난 당신을 좋아하지 않아요"라고 대답했지만, 마음에 드는 총각이 오는 날은 미리 몸치장을 하고 있다가 총각이 "작은 소녀!"라고 부르면 "창문으로 즉각 올라오세요"라고 신호를 보냈다고 한다.

도시로 전파된 결혼 문화

주로 서민층 사이에서 유행했던 이 구혼 풍속은 점차 귀족층으로까지 파급되었다. 1378년 합스부르크가의 요한 4세Graf Johann도 '찾아가는 밤'을 시도했다. 공작이 마음에 둔 처녀는 헤르츠란트 Herzland von Rappolstein였다. 하지만 그녀는 이런 방법으로 밤에 찾아오는 공작을 못마땅하게 여겼다. 심지어 그녀는 매일 밤 찾아오는 그가 문을 열 수 없도록 문 앞에 의자를 갖다 두기도 했다. 그는 헤르츠란트에게 여섯 번이나 구애했지만 '찾아가는 밤'은 늘 불발의 밤이 되어 버렸다. 결국 그는 헤르츠란트에게 퇴짜를 맞았다. 거절의 이유는 그가 "남자답지 못하다"는 것이었다.

다음 세기(1440년)가 되자 또 다른 합스부르크의 남자가 이런 '찾아가는 밤'을 시도했다고 막스 바우어는 전한다. 주인공은 프리드리히 3세이다. 그는 포르투갈의 레오노라Leonore von Portugal와 이미 약혼한 사이였다. 로마 교황의 승인까지 받은 약혼이었지만 프리드리히는 공주가 싫었기 때문에 은근히 헤어질 구실을 찾고 있었다. 그는 "이탈리아 여자와의 사이에서 아이를 낳기 싫다"고 거절의 이유를 둘러댔다. 레오노라는 너무나 기가 막힌 나머지 삼촌인 나폴리의 왕 알폰소Alfonso에게 도움을 청했다. 알폰소는 "레오노라를 일단 독일로 데려가서 먼저 하룻밤 자보라"라고 그에게 해결책을 내놓았다. 자고 나서도 공주가 마음에 들지 않으면 그때는 공주를 다시 이탈리아로 보내라는 이야기까지 덧붙였다.

피셔는 이것이 직접적인 '밤의 방문'은 아니지만 한번 자고 난 다음 결정하라고 했으니 '실증·실험의 밤'을 말하고 있다고 주장한다. 막스 바우어는 "모든 게르만족의 처녀들은 결혼하기 전에 남자들과 자는 것을 당연하게 생각했다"고 주장하기까지 했다. 피셔의 견해도 유사하다. 중세 게르만족의 처녀들은 결혼하기 전에 이런 방법을 통해서 남자를 먼저 알고 결혼하는 풍속이 유행했다는 것이다.

하지만 시간이 흐를수록 이 풍속은 변질되기 시작했다. 영웅처럼 밤에 창문을 타고 들어와 옷 입은 채 누워서 소곤소곤 이야기를 나누던 사랑은 옛일이 되어 버렸고, '찾아가는 밤'을 지키는 풍속 경찰이 동원될 정도로 문란해져 갔다. 성애가 문란해지자 교회에서는 이 풍속을 규제하기 시작했다. 특히 귀족들이 문제였다. 귀족들이 자신의 힘을 이용해 마을 처녀들을 농락하는 일이 잦아졌던 것이다. 교회의 규제에도 불구하고 이 풍속은 점점 더 번져 나

자연스럽게 어울려 노는 중세의 사람들.

갔다고 피셔는 주장한다. 교회는 더욱 엄하게 규제를 하기 시작했고, 마침내 이 풍속을 없애자는 제안을 하기에 이르렀지만 마을 주민들이 적극적으로 반대했다는 기록이 등장한다. 1700년경의 기록이다.

하루는 교회에서 마을 주민들을 소집했다. '찾아가는 밤'의 풍속을 없애기 위해서였다. 그때 한 노인이 일어나서 극구 반대의사를 밝히면서 말했다. "나의 증조아버지도 이 '찾아가는 밤'을 통해서, 우리 아버지도 마찬가지로 이 방법으로, 나도 역시 이 방법으로 신붓감을 찾았소. 그러니 이 풍속을 당연히 존속시켜 자식을 낳고 집안을 번성시켜야 하오." 1800년 스위스에서도 이런 풍속을 없애려고 시도했지만 절대 나쁜 풍속이 아니니 없앨 수 없다는 반대의견이 나왔다.

이 풍속이 도시로 번져 나갔다는 것은 뉘른베르크의 한 사형집행인이 남긴 일기를 통해서도 확인할 수 있다. 1579년 10월 6일의 기록이다. 농부의 종인 스테판Steffan Gebharst이 사형당하기 전 '찾아가는 밤'을 회상하자 이것을 사형집행인이 듣고 기록으로 남긴 것이다. 울리히라는 남자도 사형당하기 전, 오래전에 그가 행했던 '찾아가는 밤'을 회상하면서 혼잣말을 남겼는데 이것이 기록에 남아 있다. "아! 매주 밤마다 창문을 통해서 그녀를 방문하곤 했었는데……. 그 시간이 바로 1분 전에 일어난 것 같은데 지금으로부터 6년 전의 일이구나." 이런 기록을 보면 시골 풍속이 도시로 퍼져 나갔거나, 시골에서 살던 이들이 도시로 이주하면서 퍼뜨렸다고 짐작할 수 있다.

앞의 글에서도 언급했지만 필자는 이런 기록들이 몹시 의아하기만 하다. 중세의 다른 자료를 보면 처녀가 임신하면 수치스러운 나머지 낙태약을 먹거나, 불발로 끝나면 억지로 아이를 낳은 뒤 몰래 아이를 죽이는 바람에 극형에 처해졌다는 기록이 곳곳에 남아 있기 때문이다. 그런데 어떻게 위의 내용은 당시 처녀들에게 이토록 관용을 베푼 것일까?

뾰족한 답을 찾기 위해 다른 자료를 뒤적거리다가 막스 바우어의 저서에서 해답을 찾을 수 있었다. 1924년에 내놓은 그의 연구물에는 '같은 책' '같은 목차' 안에 두 가지 내용이 동시에 소개되어 있었다. 250~284쪽에는 결혼하지 않은 여자들이 성애를 즐기다 교회의 엄중한 잣대로 벌을 받았다고 기록되어 있는 반면에 64~88쪽에는 처녀가 임신을 하여도 관용이 철철 넘치는 '실증의 밤'을 서술하고 있었던 것이다.

이런 바우어의 글을 통해서 알 수 있는 것은 중세 유럽의 풍속은 시대마다 나라마다 지방마다 매우 다양한 모습으로 존재했다는 것이다. 독일의 뫼렌Maehren 지방에는 지금도 "결혼은 창문을 통해서 이루어진다"는 속담이 전해지고 있다. 당시 마을 총각처녀들의 전유물이었던 '찾아가는 밤'의 풍속을 빗댄 말일 것이다.

이웃 간의 상부상조, '결혼을 도와주는 남자'

이런저런 방법을 통해서 결혼한 부부들이 자식을 낳지 못하면 어떻게 되었을까? 여자가 아이를 낳지 못할 때는 이혼 당하는 경우가 대부분이었다. 그렇다면 여자는 생식 능력이 있는데 남자가 생식 능력이 없을 때는 어떻게 되었을까? 이런 피해를 막고자 나온 풍속이 있었다. '결혼을 도와주는 남자'라는 풍속이었다. 중세에는 아이를 갖지 못하는 이유가 확실하게 남자에게 있다면 아이를 낳는데 도움을 줄 남자를 찾아 나섰는데 이런 남자를 '결혼을 도와주는 남자'라고 칭했다. 자손을 만들기 위해서 이웃 남자의 정자를 빌린다는 뜻이다. 발하우스Ballhaus에 의하면 주로 이웃집의 친구에게 의존했다고 한다.

이때는 남편이 직접 '결혼을 도와주는 남자'를 찾아가서 자기 부인과 그 남자를 잠자리에 들게 했다. 물론 목적은 아기를 갖기 위해서였는데 발하우스의 언급이 재미있다. 일단 자기 부인과 '결혼을 도와주는 남자' 사이에 '일'이 성사되고 나면 남편은 '수고한' 이들에게 직접 '신부 닭'이라고 칭하는 닭고기를 갖다 주었다는 것이다. 뒷장에서 다시 언급하겠지만 중세에는 신혼부부가 첫날 밤을 치르고 나면 반드시 먹는 음식이 닭고기였는데, 이런 '일일 부부'에게도 신혼부부처럼 닭을 갖다 주었다니 놀랍기만 하다. 닭을 가지고 간 남편은 이들 일일 부부가 닭고기를 먹을 때 시중까지 들었다고 한다. 오늘날의 관점으로 본다면 이해할 수 없는 일이지만 중세에는 자손에 대한 염원이 깊은 시대였으니 이를 당연한 풍속으로 생각했던 모양이다.

이런 일을 치르고 난 뒤 도움을 준 부부나, 도움을 얻은 부부 사이에 신뢰나 관계가 깨졌다는 기록은 없다고 발하우스는 전한다. 아이를 갖지 못하는 이웃의 안타까운 사연이 들리면 이웃집 남자들은 기꺼이 '결혼을 도와주는 남자' 역할에 나섰다. 이때 어떠한 겸끄러움도 갖지 않았다고 한다. 이를 통해 이웃 사랑을 실천하는 것이라고 생각했다는 것이다. 밭에 쓸 호미가 없는 이웃에게 호미를 선선히 빌려주는 것처럼, 땅은 있으나 밭에 뿌릴 씨가 없는 사람을 도와주었다고 비유하면 될까? 발하우스는 이런 풍속이 "부족한 부분을 이웃끼리 서로 도와주는 건전한 이웃돕기의 일종이었다"고 전한다.

하지만 세상에는 예외 없는 일은 없는 법이다. 처음에는 좋은 의도로 시작했지만 날이 갈수록 돈이 얽히고 성애가 얽히면서 이 풍속 역시 변질되기 시작했다. 법정 자료를 살펴본다. 아이가 없는 어떤 부부의 이야기이다. 이들 부부는 처음부터 교묘하게 각본을 짰다. 그러곤 어느 날 부인이 이웃집 남자를 찾아가 사정을 했다. 그녀는 자기 남편이 유감스럽게도 아이를 낳을 수 없으니 이웃인 당신이 '결혼을 도와주는 남자' 역할을 해달라고 청했다. 이웃 남자는 측은한 마음에 이 여자의 청을 들어주기로 했다. 그렇게 일이 성사되어 부인이 '결혼을 도와주는 남자'와 잠을 자려 할 때 갑자기 남편이 나타나 으름장을 놓았다. 자신은 아무 문제가 없는데 둘이 무슨 짓을 하는 것이냐고, 오늘날의 단어로 치면 간통이라고 호통을 치며 남자에게 돈을 요구한 것이다. 다음에 무슨 일이 일어났는지 생략해도 충분히 우리는 짐작할 수 있다. 부부는 이웃 남자의 돈을 노리고 거짓으로 일을 벌인 것이다.

　이런 일이 빈번하게 일어나자 관청에서는 남자가 아이를 가질 수 없는 경우를 증빙하는 제도를 만들었다. 그 방법이 재미있다. 남편이 부인을 등에 업고 남의 집 담 아홉 개를 통과한 후 그 자리에 부인을 내려놓는 것이다. 남편이 아이를 낳지 못하는 것이 가짜가 아니고 진짜라고 마을에 대대적으로 알리기 위해 이런 우스꽝스러운 방법을 동원한 것이다. 그러고 나서 남편은 이웃집 남자들에게 자기 부인과 잠을 자서 아이를 낳게 해달라고 간청했다. 남자로서 자존심이 상하고, 조롱과 창피를 당했지만 어쩔 수 없었다. 이런 이야기들이 농민법안에도 나온다고 발하우스는 전한다.

　그러나 이 풍속도 점차적으로 변화의 조짐이 일었다. 점점 이웃의 '결혼을 도와주는 남자'에게 부탁하는 것이 어려워졌고 '결혼을 도와주는 남자'로 즉각 나서겠다는 사람도 줄어든 것이다. 법정에까지 갔던 위의 불미스런 예들로도 우리는 짐작할 수 있다. 이런 문제에 대해서 발하우스는 여러 가지 이유를 밝힌다. 초기에는 아무 문제가 없었던 풍속이 자꾸 나쁘게 번져 가다 보니 순수한 의도가 사라졌다는 것이다. 또 하나 '결혼을 도와주는 남자'도 자기 부인에게 욕먹을까봐 슬슬 눈치를 보게 되었다는 것이다.

그러면서 발하우스는 재미있는 말을 덧붙였다. "'결혼을 도와주는 남자'가 이웃 부인을 도와줄 마음이 조금은 있었을지도 모른다. 하지만 잠을 자게 될 여자가 마음에 들지 않았던 게 아닐까."

그래도 의문이 남는 것은 사실이다. 나중에 아이가 태어나면 결혼을 도와주는 남자는 그 아이에게 자신이 친부라고 주장했을까? 이런 관계는 마을에서 어떻게 해결했을까? 이런 방법을 통해 아이를 낳은 가족들은 그 마을을 떠났을까? 우리나라에도 여자들의 씨받이 이야기는 전해지는데 이처럼 남자의 씨내림도 있었는지 궁금하다.

신부의 첫날밤을 영주에게 바치다

중세에는 영주의 종이 결혼하면 신부의 첫날밤을 영주에게 바치는 풍속이 있었는데 이를 '영주의 초야권'이라고 했다. 이 제도를 납득하기 위해서는 먼저 중세의 엄격한 신분질서를 살펴보아야 한다. 막스 바우어가 전하는 사례이다.

어떤 마을에서 여종과 남종이 영주 모르게 사랑을 나누었다. 영주에게 사실을 알리기 겁난 이들은 보호받기 위한 방편으로 교회로 도망을 쳤다. 이 사실을 알게 된 영주는 사제에게 둘을 집으로 돌려 보내라고 말했다. 그러자 사제는 집으로 보내줄 테니 둘을 처벌하지 말고 결혼을 허락하라고 영주에게 종용했다. 영주는 사

위는 〈영주의 권리〉를 그린 가르니에의 그림. 아래는 훨씬 후대의 그림(1874년)이지만, 역시 늙은 아버지가 영주에게 젊은 딸을 데려다 주는 모습을 그린 것이다. 바실리 드미트리에프쉬 폴렌노프가 그렸다.

제에게 그렇게 하겠다고 철석같이 약속했다. 심지어 교회의 재단 앞에서 둘이 하나가 되게 해주겠다고 선서까지 했다. 안심한 사제는 둘을 영주에게 돌려 보냈다. 영주는 돌아온 이들을 보자마자 어린 여종을 구덩이 패인 나무에 쳐 넣었고, 남자 종은 변소 구덩이에 던진 뒤 그 위를 흙으로 메웠다. 그 후 영주는 천연덕스럽게 말했다. "이 둘을 영원히 하나가 되게 해주었다. 내가 교회 재단 앞에서 약속했던 것을 그대로 실행했다."

영주가 종을 마음대로 죽일 수 있었던 이유는 중세에는 종이 영주의 재산이었기 때문이다. 중세의 종은 결혼은 물론, 일상이 영주의 손아귀에 있었다. 막스 바우어는 이런 사실을 언급하면서 "종과 하녀들은 사람이라기보다는 '물건'에 가까웠다. '말하는 동물'에 비유했을 정도였다"고 주장했다.

영주는 종들이 결혼해서 자식을 많이 낳기를 바랐다. 종을 영토를 돌보기 위한 노동력이자 부의 축적수단으로 본 것이다. 중세의 종들은 일반 민법에 속하는 존재들이 아니라 영주법에 속하는 사람들이다 보니 주인과 종이라는 관계가 늘 따라다녔다. 남자 종이 결혼 후 자기 신부를 영주에게 먼저 바치는 풍습은 이런 배경에서 나온 것이다. 유럽이 아닌 다른 나라에도 이런 풍속이 있었다는 주장은 있지만 그들의 풍속은 유럽의 중세와는 다른 종교적인 차원에서 출발한 것이다(그곳에서는 여자들이 첫날밤 흘리는 피를 두려워한 나머지 영적으로 뛰어난 이들에게 신부를 먼저 바치는 풍속이 있었다. 따라서 처녀와 잠을 자는 상대는 교회의 사제나 마을의 어른이었고 이를 종교 의식의 하나라고 생각했다).

중세 유럽의 '영주의 초야권'은 역사적인 사실로 인정되다가 18세기부터는 찬반론이 일기 시작해서 오늘날에는 결론을 내지 못하고 논쟁중이다. 발하우스, 막스 바우어 그리고 알리안 브레Alian Bourreau의 연구를 살펴보자. 먼저 발하우스는 이런 풍속의 기원은 15세기 스코틀랜드에서 출발했다고 주장한다. 프랑스인들의 기록에서도 확인할 수 있다는 게 그의 주장이다. 그가 자료로 내보인 것은 1486년 4월 12일 왕의 중재 재판소에서 나온 기록이다. 거기에는 몇몇 영주들이 종의 신부와 첫날밤을 먼저 보내려고 했는데 재판소에서 이것을 저지했다는 기록이 적혀 있다. 발하우스는 1507년의 한 서류를 제시하면서 "결혼한 종은 영주가 허락할 경우에만 첫날밤을 치를 수 있었다. 이것이 '일반적인 법'이었다"라고 언급했다. 막스 바우어도 직접적인 첫날밤에 관한 것은 아니지만 종이 결혼을 허락받기 위해 영주에게 선물을 바쳤던 제도를 언급하면서, 이는 영주가 자신의 신부와 첫날밤을 보내지 않도록 종이 뇌물로 바친 것이라고 주장했다.

1496년 슈바벤 지방에 있는 아델스부르크의 수도원에서 나온 자료를 보면, 보르트링겐Bortlingen 지방의 한 종이 결혼을 허락받기 위해서 영주에게 나무 땔감을 바쳤고, 여종이 결혼할 때는 현금이나 프라이팬 등을 바쳤다고 적혀 있다. 프라이팬의 크기를 정하는 잣대는 '그녀의 엉덩이가 다 들어갈 만한 크기'였다고 한다. 그렇지만 너그러운 영주 몇몇은 치즈나 버터만 받고도 결혼을 허락해

주었다. 물론 치즈도 여자의 엉덩이 무게만큼 바쳤다고 한다. 여기서 알 수 있는 것은 종들은 일단 자신의 결혼에 대해서 어떠한 자유도 없었다는 것이다. 종도 인간이기에 이런 제도에 대해 치욕과 모욕, 조롱을 느꼈을 테지만 신분제가 있는 한 벗어날 방법이 없었다.

유럽에서는 아직도 이 풍속에 대한 찬반론이 팽팽하게 맞서고 있다. 이 제도가 사실이라면 두 가지 의문이 남는다. 첫째, 앞에서도 설명했듯이 당시는 정식 결혼으로 인정받기 위해서는 결혼식에 참석한 하객들 앞에서 첫날밤을 치러야 했는데, 그렇다면 종들은 이런 법에서 제외된 것일까? 그것은 귀족들만의 법이었던 것일까? 둘째는 교회의 눈이다. 당시 교회는 윤리를 무척 강조했는데 이런 파렴치한 제도를 어째서 외면한 것일까?

만일 둘째 이유가 사실이라면, 과연 그리스도교의 교리는 어디에 있다는 말인가? 여기서 중세 교회의 이중 잣대가 드러난다. 자기들이 정치와 결탁하여 세속 권력에 눈이 멀어 있는데 이런 '사건'들이 어찌 눈에 들어 왔겠는가 말이다. 심지어 어느 날은 성애를 해도 되고 또 어느 날은 성애를 해서는 안 된다고 규정한 것이 당시 교회의 교리였다. 인격을 말살하는 이런 제도에는 왜 그리 침묵하였는지 모를 일이다. 이럴 때 쓸 수 있는 성서 구절이 "맹인이 맹인을 이끌 수 없다"는 말일 것이다 (마태복음 27-14).

귀족들 사이에서 유행한 결혼 풍속

농민들 사이에서 '찾아가는 밤'이라는 결혼 풍속이 유행했다면 귀족들 사이에서 유행한 것은 '대리 결혼' 풍속이었다. 사학자 피셔는 대리 신랑 제도가 앞에서 설명한 '증빙의 밤'에서 출발했다고 주장한다. 이 결혼은 신부가 신랑의 대리인과 결혼하는 것이다. 믿기 힘들지만 중세에 엄연히 존재한 결혼 형태이다.

결혼은 어느 시대에나 마찬가지로 남자와 여자가 만나 새로운 가정을 이루는, 인간에게는 매우 중요한 통과의례이다. 그런데도 중세에는 잔치에 당사자가 나타나지 않는 경우가 종종 있었다. 신부가 나타나지 않은 경우도 있었지만 그 경우는 극소수였고 대개는 신랑이 나타나지 않았다. 이때 신부의 오빠가 '대리 신랑'으로 결혼식장에 들어갔다는 기록도 남아 있다. 진짜 신랑이 나타나지 않았는데 어떻게 결혼식을 치렀을까?

신랑은 자신이 서야 할 자리에 '대리 신랑'을 내세웠다. 신랑의 위상을 더 높이기 위해 외모가 특출한 이가 주로 대리 신랑으로 뽑혔다. 그렇지만 외모가 전부는 아니었다. 대리 결혼 후 첫날밤까지 보내야 했기에 가급적 신랑과 오랜 친분을 쌓았거나 특별히 믿을 만한 사람인지 검증해서 계약서를 쓰고 대리 신랑으로 내세우는 게 대부분이었다. 이 제도는 1880년까지 존속했는데 주로 빈과 마드리드에 있는 합스부르크가가 애용했다.

대리 결혼은 주로 귀족이나 왕족의 전유물이었다. 합스부르크가는 결혼식을 소박하게 치르지 않았다. 비록 대리 결혼식이지만 신부와 대리 신랑은 물론 하객도 한껏 화려하게 치장하고 식장에 들어섰다. 그 다음 단계로 중요한 것은 하객들이 보는 앞에서 신랑 신부가 첫날밤을 치르기 위해 침대에 올라가는 예식이다. 대리 결혼의 신랑은 진짜 신랑도 아닌데 대리 신랑과 첫날밤을 어떻게 치렀을까?

대리 신랑은 우선 신부와 함께 호화롭게 장식한 침대에 들어갔다. 거기서 실제로 자는 것은 아니었지만 상징적인 행위는 해야 했다. 그 행위는 다음과 같았다. 대리 신랑은 먼저 바지를 걷고 장딴지를 드러낸 뒤 자신의 장딴지를 신부의 장딴지에 갔다 대었다. 이 행위를 끝내면 첫날밤까지 치른 완벽한 결혼으로 인정되었다. 어떤 대리 신랑은 신부의 침대에 들어가 첫날밤을 보내기도 했는데, 그가 차고 있던 칼을 신부와의 사이에 놓아두는 것으로 증빙을 대신하기도 했다.

아무리 상징적인 행위일지라도 자칫하면 '위험할' 수도 있지 않았을까? 그렇지만 계약으로 온 대리 신랑이 자기 목숨을 내놓고 이런 위험한 일을 저지른 경우는 거의 없었다고 발하우스는 전한다. 이런 불미스런 '사건'이 만약에 일어난다면 대리 신랑은 목숨을 부지하기 어려웠을 것이다. 그리고 첫날밤을 잘 치른 대리 신랑은 신부를 '진짜 신랑' 집으로 데려가는 역할 또한 맡았다.

요한 2세Johann 2, von Juelich und Berg는 그의 첫 부인이 죽자 새 장

가를 들기로 했다. 그는 1691년 신붓감을 구해올 사신을 피렌체로 보냈다. 사신은 토스카나의 안나 마리아를 요한 2세의 신붓감으로 점찍었다. 양가는 피렌체에서 먼저 '진짜 신랑' 없이 결혼식을 치렀다. 그녀 옆에 선 대리 신랑은 사신이 아니었고 그녀의 오빠였다. 대리 신랑인 오빠와 1691년 4월 29일 결혼식을 치른 그녀는 1691년 6월 5일 요한 2세와 독일 울름에서 다시 정식 결혼식을 올렸다.

프랑스의 마리 드 메디시스(1573~1642)도 그녀보다 스무 살이나 많은 프랑스의 앙리 4세와 결혼할 때 그녀의 삼촌인 토스카나 대공 페르디난도 1세와 대리 결혼식을 올렸고 정식 결혼식은 두 달 후인 1600년 12월에 올렸다.

유럽 역사에서 이런 결혼의 사례는 종종 나타나고 있다. 그런데 대리 신랑을 보내 결혼한 처지였지만 이웃의 간섭을 받은 예외적인 경우도 있었다. 브르타뉴Bretagne 공작 프랑수아 2세의 딸인 안느(1477~1514)는 당시 라틴어, 그리스어, 프랑스어, 히브리어에 능통한 지혜로운 여성이었다. 양쪽 부모의 주선하에 그녀는 왕위 계승권이 있는 영국의 에드워드 4세의 아들 에드워드 5세와 결혼 협정을 맺었는데 결혼도 하기 전인 1483년 그가 갑자기 죽어 버렸다. 마침 그녀의 아버지 프랑수아 2세는 전쟁에서 지고 난 뒤라 그의 딸이 프랑스 왕실의 허락을 받아야 결혼할 수 있다는 조약을 맺을 정도로 위세가 형편없었다. 그런 프랑수아 2세가 1488년에 죽자 안느가 아버지를 이어 1489년 2월 브르타뉴 영지의 영주가

대리 결혼의 대리 신랑으로 선택된 신랑 폴하임이 침대에 올라가서 그의 맨다리와 무릎을 침대에 있는 안느에게 갖다 대는 장면이다. 1857년에 나온 책에 실려 있는 그림이다.

되었는데, 1489년 7월에 프랑스 왕 샤를 8세와 신성로마제국의 막시밀리안 1세는 그녀의 왕권을 합법적인 것으로 인정해 주었다. 그리고 서른한 살의 홀아비였던 막시밀리안은 열세 살의 안느와 1490년 12월 19일 결혼식을 올렸다. 하지만 막시밀리안은 결혼식에 직접 참석하지 않고, 볼프강 폰 폴하임이라는 사람을 대리 신랑으로 보냈다.

  결혼식 동안 볼프강은 신부인 안느 옆에 대리 신랑으로 늠름하게 섰으며 안느와의 첫날밤을 완벽하게 보내는 등 대리 역할을 철저하게 수행했다. 연출했다는 표현이 더 적절할 것이다. 먼저 바짓가랑이를 걷어 올린 볼프강은 그의 장딴지를 드러내고 그의 맨살을 안느의 다리에 갖다 댐으로써 첫날밤을 완벽하게 치렀으니 말이다. 이로써 당시 법에 따라 막시밀리안과 안느는 정식 부부가 되었지만 결혼은 곧 무효가 되고 말았다. 교황이 이 결혼을 무효로 선언한 데다 프랑스 왕 샤를 8세가 결혼을 승인하지 않았던 것이다. 모두 정치적인 힘의 논리에서 기인한 것이었다.

  1491년 프랑스의 군인들이 안느의 영지로 쳐들어와서 안느를 감금했다. 막시밀리안은 이 소식을 접했지만 안느를 돕지 않았다. 분명 그는 대리 신랑을 통해서였지만 그녀와 결혼한 사이였음에도 안느의 불행을 외면했다. 이러던 차 안느는 프랑스 왕 샤를 8세를 만났다. 순전히 막시밀리안과 올린 결혼을 승인받기 위해서 만난 것이었는데 묘하게 일이 흘렀다. 이들이 서로 만난 지 3일 후에 샤를과 안느 사이의 혼약이 성사된 것이다.

안느를 통해 브르타뉴의 지배권을 얻게 된 샤를 8세는 대리 신랑 폴하임을 통해서 막시밀리안에게 기별을 넣었다. "안느와 결혼하게 되었으니 이 결혼식에 막시밀리안을 초대하겠다." 이 소식을 접한 막시밀리안은 분노에 떨었다. 샤를 8세에게 부인을 빼앗긴 것도 억울한데, 더 기가 막힌 것은 프랑스 왕 샤를과 막시밀리안 사이에는 이미 '결혼 장사'를 통해서 샤를이 막시밀리안의 사위로 맺어져 있었기 때문이다. 앞서 설명했듯이 1483년 5월, 샤를 8세는 막시밀리안의 세 살된 딸 오스트리아의 마르게리타(마르그리트 도트리슈)와 이미 혼약을 맺은 사이였던 것이다. 즉, 이 결혼은 사위인 샤를 8세가 장모와 결혼한다는 뜻이기도 했다.

분개한 막시밀리안은 이들의 결혼을 무효화하기 위해 애썼지만 힘의 논리로 얽히고설켰던 중세 유럽의 정치구조에 대항하기에는 역부족이었다. 마르게리타는 친정으로 돌아갔고 안느는 프랑스의 여왕이 되었다. 우여곡절 끝에 결혼한 안느는 1498년 남편 샤를 8세가 사고로 죽자 스물한 살의 나이로 과부가 되어 후에 루이 12세가 된 오를레앙공과 재혼하였다.

'대리 결혼'은 결혼과 약혼의 중간 형태

대리 결혼의 풍속은 한동안 유럽 왕가와 귀족들에게 이어졌다. 유명한 프랑스의 마리 앙투아네트의 경우도 대리 결혼식을 치렀다. 그녀의 결혼은 1770년 4월 19일 빈의 한 교회에서 거행되었지만 결혼식에 루이 16세가 직접 등장하지는 않았다. 신랑 루이가 서야 할 자리에 그녀의 오빠 페르디난트가 대리 신랑으로 섰던 것이다. 후에 프랑스에 도착한 앙투아네트는 루이 16세와 5월 16일 다시 정식 결혼식을 올렸다. 오늘날은 생각할 수도 없는 이런 결혼 풍속이 당시에는 당연한 듯 성행했다.

덴마크와 노르웨이의 여왕이었던 카롤리네 마틸데(Caroline Mathilde von Hannover, 1751~1775)도 마찬가지였다. 그녀가 태어나기 3개월 전 아버지가 죽고 오빠가 왕권을 이었다. 그녀가 열세 살이었을 때 오빠는 일방적으로 사촌 크리스티안 7세와 그녀를 약혼시켰는데 문제는 그녀의 오빠가 사촌이자 동시에 처남인 크리스티안에게 정신병이 있다는 것을 몰랐다는 것이다. 그들은 1766년 10월에 런던에서 대리 결혼식을 올린 후 11월에 다시 정식 결혼식을 올렸다. 신부는 열다섯 살, 신랑은 열여섯 살이었다.

크리스티안은 정신발작을 자주 일으켜서 늘 주치의가 따라다녔는데 후에 그녀는 주치의와 염문을 뿌리게 되었다. 왕의 정신병이 깊어지면 질수록 그녀는 다른 남자와 사랑에 빠질 수밖에 없었다. 결국 그녀는 이혼당하고 쫓겨났다. 자식들을 잊지 못해 고뇌하던 그녀는 네 살의 여아를 입양하여 자식에 대한 그리움을 쏟아냈고 언젠가 다시 덴마크로 돌아가 아이들을 볼 수 있으리라고 기대했지만 그녀의 희망은 끝내 이루어지지 않았다.

대리 결혼한 부르고뉴의 아델라이드(Adelheid von Burgrund, 아델하이트, 931~999)의 경우를 보자. 그녀의 아버지 루돌프 2세Rudolf는 아델라이드가 어렸을 때 이미 정치적인 장사를 통해 이탈리아의 위고Hugos von Arles의 아들 로타르와 그녀를 결혼시키기로 했다. 947년 아델라이드는 열여섯 살 때 대리 신랑과 결혼했지만 결혼한 지 3년째 되던 해에 남편이 독살당했다.

그녀의 대리 결혼 이야기는 끝났지만 그녀의 생을 마저 들여다보자. 당시는 돈 많은 젊은 과부가 신붓감으로 인기 절정인 시대였다. 돈이 많은 데다 엄청난 영토를 소유한 아델라이드가 그 경우였다. 그녀와 결혼하게 될 경우 잘하면 이탈리아 영토를 얻을 수 있었기 때문이다. 베렝가리오 2세Berengar von Ivrea는 그의 아들 아달페르트Adalbert를 아델라이드와 결혼시키려고 했다. 그렇지만 아델라이드는 결혼 생각이 전혀 없었기에 구애를 거부하였다. 그러자 베렝가리오 2세는 그녀를 감금했는데 그녀도 당하고 있지만은 않았다. 그녀는 딸을 데리고 도망쳐 카노사에 있는 신성로마제국의 첫 황제 오토 1세에게 가서 도움을 청했다. 그녀의 이야기를 들은 오토는 이런 자그마한 나라 하나쯤은 그의 막강한 힘으로 물리치는 것이 어렵지 않다고 큰소리치더니 결국은 쉽게 물리쳤다. 여기서 그치지 않고 오토는 그녀와 결혼하기에 이른다.

이런 대리 결혼의 내막을 살펴보면 특별한 이유 같은 것은 없었다. 다분히 정치적인 목적에서 출발한 것이고, 나라가 약할 때는 약한 두 나라가 자식들을 이음줄로 삼아 막강한 이웃 나라를 견제하기 위해 사용한 것일 뿐이었다. 그렇다 보니 정치적인 목적이

맞으면 서둘러 결혼식을 올리는 게 중요했다. 언제 서로의 마음이 변할지 모르기 때문이다. 결혼식을 빨리 올리자니 교통이 발달하지 않은 당시로서는 진짜 결혼식을 올리기 위해 준비해야 할 것을 시간 내에 마칠 수 없었다. 먼 거리, 울퉁불퉁한 길을 마차로 달려야 했고 수십 명 내지 수백 명의 수행원들을 동행해야 했는데 그것이 속전속결로 이루어지기가 어려운 시대였다. 이런 중세의 환경이 대리 결혼을 만든 것이다.

대리 결혼의 장점도 물론 있었다. 언제든 쉽게 헤어질 수 있다는 점이다. 집안끼리 대리 결혼이나 약혼을 하려면 협상서가 가장 중요했는데, 협상이 결렬되면 언제든 혼약을 쉽게 무효화할 수 있었다. 이들이 치르는 '간접' 첫날밤은 형식에 따라 치렀을 뿐 정식 첫날밤은 아니었고 교회에서 인정하는 결혼을 하려면 먼저 결혼 예식을 거쳐 첫날밤을 보내야 했다(Geschlechtsverkehr der Ehegatten). 말 그대로 대리 결혼이다 보니 '진짜 첫날밤'이 빠졌던 것이다. 따라서 학자들은 이 결혼을 진짜 결혼과 약혼 사이에 치르는 예식의 한 종류로 보기도 한다.

중세에는 장갑 결혼이라는 것도 있었다. 대리 결혼에는 그래도 대리 신랑이라도 내세웠지만, 장갑 결혼은 이름 그대로 신랑신부 중 어느 한 쪽이 참석하지 않고 빈자리에 장갑을 놓고 하는 결혼을 지칭한다. 이 결혼은 특히 1489~1770년에 유럽에서 성행했는데, 역시 귀족들, 특히 합스부르크가의 전유물로 빈과 마드리드에서 자주 열렸다. 물론 이런 결혼도 신랑신부가 결혼식을 올리고 함께 잠을 자야만 정식 결혼으로 인정되었기 때문에 이렇게 결혼한 부부도 쉽게 결혼을 무효화할 수 있었다. 물론 이 결혼도 당시의 정치적인 맥락으로 생긴 풍속이었다. 두 나라가 사돈을 맺고자 했으나 결혼식을 올리기에는 여러 가지로 부족한 점이 많은 상황에서, 급한 마음에 결혼부터 올리려다 보니 이런 대리 결혼, 장갑 결혼이 유행한 것이다.

유럽에서는 오랜 세월이 지난 뒤 특수한 결혼 형태가 몇 가지 더 나타났다. 2차세계대전 때는 신랑이 전쟁터에 있다 보니 신랑 없이 결혼식을 치르는 여자들이 늘었고, 또 다른 형태로는 전쟁에서 이미 죽은 군인들과 살아 있는 여자들이 올리는 결혼이 유행하기도 했다. 여기에는 좋은 뜻도 숨어 있었다. 전쟁 후 여자들의 경제적인 어려움을 해결하고자 생긴 풍속이었기 때문이다. 이런 여자들이 전사자 남편을 둔 과부로 등록할 경우 어느 정도 유산을 받을 수 있었는데 당시 이런 결혼에 참여했던 여자들이 약 2만 5000명에 이른다. 반대의 경우도 있었다. 죽은 사람과 이혼을 시키는 풍속인데, 과부가 된 여자들에게 유산을 물려주지 않기 위해 생긴 풍속이었다.

오늘날에는 새로 등장한 결혼 형태가 있다. 바로 '동성 결혼'이다. 같은 성의 남자끼리, 아니면 여자끼리 결혼식 후 나누는 첫 키스 장면이 유럽 매스컴에는 자주 등장한다. 세상에는 한 가지 형태의 결혼만이 있는 것이 아니라는 것을 새삼 깨닫는다. 만약 중세의 '대리 결혼'이 오늘날 다시 성행하게 된다면 어떤 모습으로 비춰질지 궁금하다.

이혼할 때는 교회법을 따르다

중세에는 부인이 다른 남자와 자는 것을 남편이 목격하거나 여자가 아이를 낳지 못할 때는 게르만족의 법에 따라 이혼할 수 있었다고 앞에서 밝힌 바 있다. 남편은 아이를 낳지 못하는 부인과 이혼한 뒤 새 장가를 들 수도 있었다. 3년간 결혼생활을 했는데도 아이가 생기지 않을 때는 교회가 이혼을 인정해 주기도 했다. 이것은 교황 마르티노 5세(Martin V, 재위 1417~1431)에 의해서 공표된 것이다.

앞에서 보았듯이 중세의 결혼은 무척 야단스러운 절차를 거친 뒤 승인되었다. 마귀를 피하기 위해 교회에서 올린 결혼식인데 행복하지 않았다니 아이러니한 일이다. 그러나 이외의 이유라면 이혼이 쉽지 않았다. "감히 교회에서 맺은 혼인을 어찌 가르려 하느냐. 결혼은 성사로 맺어진 거룩한 것이기에 인간이 풀 수 없다"라는 주장이었다. 특히 9세기 이후 이혼은 더욱 힘들었다. 결혼성사를 1184년부터 교회에서 중요하게 여기는 주요 7성사에 넣었기 때문이다.

세월이 흐른 16세기에도 평민들의 이혼은 무척 어려웠다고 당시의 자료들이 증빙한다. 한 주교좌의 문서에는 가죽 만드는 집

딸이 한 주교에게 간원하는 기록이 남아 있다. "주교님! 어지간하면 제 결혼을 무효로 좀 해주세요." 그녀는 마이센 출신의 한 남자와 결혼했지만 남편이 늘 부인을 떠나 있다가 심심하면 한 번씩 왔다가곤 했기 때문에 결혼 생활을 제대로 지속할 수 없는 상태였다. 이 결혼에 대한 주교의 판결은 어떠했는지 전해지지 않아 아쉬울 뿐이다.

중세에는 정신적인 친척이나 피로 맺어진 친척일 경우는 결혼할 수 없었다. 정신적인 친척이란 이런 경우를 말한다. 530년 유스티니아누스Justinian 황제는 대부 대모(교회에서 영세를 받을 때 세우는 영혼의 어머니, 아버지를 지칭함)와의 결혼을 금지했다. 피를 나눈 친척은 아니지만 하느님이 개입된 정신적이고 영적인 친척이라는 것이다. 692년과 721년 교회는 이런 규제를 더 확장해 나갔다. 800년경 교황 레오 3세는 심지어 7촌간의 결혼마저 금지했다. 7일째는 신이 천지창조를 마치고 쉬었던 신성한 날이라는 이유를 내세웠다. 그렇다면 천지창조가 일어난 6일 동안도 역시 갖가지 이름을 붙여 피해야 할 규정을 만들었어야 하는 것이 아닐까. 땅이 만들어진 날은 땅을 밟을 수 없다는 규정이 나오지 않은 게 천만다행이다. 오늘날의 시각으로 보면 당시 교회 수장들의 엉터리 해석들이 답답하기만 하다.

피를 나눈 가까운 친척과의 결혼은 물론 금지였다. 이런 논리는 유명한 신학자의 한마디가 받쳐주어야 한다. 이번에도 토마스 아퀴나스(Thomas von Aquin, 1225~1274)가 등장했다. 그의 논리를 요약하면 인간은 본능적으로 그의 씨족을 사랑하는 경향이 있다는 것이다. 때문에 여기에 결혼이 연결되면 질풍노도와 같은 성적인 사랑의 불을 당길 수 있으니 금지해야 한다고 주장한 것이다.

그러나 앞서도 이야기했듯이 교회법을 비웃기라도 하듯 왕족과 귀족은 정치적으로 만나고 헤어지기를 자유자재로 하였다. 하지만 부인을 버리고 이혼하고 싶을 때는 순종하는 양처럼 이 조항을 지키려고 애쓰는 이중의 모습을 보였다. 이때 이들이 주장하는 공식이 있다. 교회에서 사촌간의 혼인을 금지시켰는데 알고 보니 자기 부인이 사촌이라는 식의 항변이다. 즉 결혼할 때는 사촌인지 전혀 몰랐는데 "결혼하고 나서 부인이 싫어지고 보니 사촌이더라"라는 주장이다.

프랑스 왕 필리프 2세(Philipp August, 1165~1223)는 첫 부인인 이자보Elisabeth von Hennegau가 죽자 1193년 8월 덴마크의 왕 쿤트 4세Kunt Ⅳ의 여형제인 잉게보르그와 결혼하였다. 이들의 첫날밤에 무슨 일이 일어났는지는 아직도 비밀로 전해진다. 필리프는 첫날밤 이후 잉게보르그와 이혼하기로 작정하고 이혼 구실을 찾느라 혈안이 되었다. 그가 내세운 구실은 "결혼할 때는 몰랐는데 잉게보르그가 너무 가까운 친척"이라는 것이었다.

몇 년이 흐른 후 그는 1196년 아그네스Agnes von Meran와 결혼했다. 그녀도 사실 가까운 친척이었지만 그를 따르던 사제들이 적당히 눈감아주고 합법적인 결혼으로 처리해 주었다. 옆에서 이런 사실을 지켜본 둘째 부인 잉게보르그는 부아가 치밀었다. 그녀는 당장 교황 첼레스티노 3세(Celestinus III, 재위 1191~1198)에게 달려가서 그녀의 억울함을 호소했다. 교황은 그녀의 편을 들어주었다. 그렇지만 그는 필리프에게 직접 손을 쓰지는 않고 경고를 하는 데 그쳤다. 그러나 다음 교황 인노첸시오 3세(Innocentius III, 재위 1198~1216)는 다른 방편을 취했다. 1200년 1월 13일 필리프에 대한 엄벌로 그의 왕국으로 쳐들어간 것이다. 할 수 없이 필리프는 1201년 9월 세 번째 부인과 이혼하고 울며 겨자 먹기로 두 번째 부인과 재결합하였다.

프리드리히 바르바로사도 마찬가지였다. 그는 첫 부인 아델라 Adela von Vohburg와 법적으로 이혼하고 일년 후 베아트릭스와 결혼했다. 어떻게 그리 쉽게 결혼할 수 있었을까? 프리드리히와 사제들이 힘을 합쳐 첫 부인 아델라와 이혼하기 위한 방편을 찾아냈기 때문에 가능했다. 이들 역시 교회법을 교묘하게 이용했다. 아델라가 알고 보니 가까운 친인척이라는 것이다. 어느 대까지 거슬러 올라가는지 알 수 없지만 아델라와 프리드리히는 같은 증증조부모를 가지고 있는 4촌간이라고 주장했다. 따라서 그의 결혼은 당연히 무효라고 그의 측근 사제들이 선언했다. 하나의 상황을 두고 코에 걸면 코걸이 귀에 걸면 귀고리가 되는 경우이다. 교회가 법을 만들어 결혼할 때는 축성까지 하며 눈감아주다가 이혼할 때가 되니 이런저런 구실을 붙여서 귀족들이나 왕족들이 편리한 대로 해석을 내려준 꼴이다.

중세의 귀족들은 이처럼 가까운 친척과 결혼도 많이 하고 이혼도 많이 하였다. 측근 사제들은 이런 결혼을 사전에 방지하려고 노력했으나 왕권이 막강하다 보니 아무 말도 할 수 없었다.

4장

중세의 성 문화와 결혼식 풍경

결혼식 당일 밤, 신부가 면사포를 쓰고 혼자 춤을 추면
신부의 친구들이 달려들어 면사포를 빼앗아 나누어 가졌다.
이때 가장 큰 면을 차지한 사람이 다음에 결혼식을 올릴
수 있는 행운의 처녀로 간주되었기 때문에 서로 큰 면을
차지하려고 아우성을 쳤다. 또한 게르만족은 문지방 아래에
조상을 묻었기 때문에 신부가 신혼집에 들어설 때 신랑이
신부를 안고 문지방을 건너는 관습이 있었다.

성애를 위한 마법의 재료들

중세 사람들은 사랑을 얻기 위해 갖가지 미신적인 방편들을 즐겨 사용했다. 가장 대표적인 것이 사랑의 묘약 처방이다. 그 중에서도 잘 알려진 것이 '사랑의 사과' 처방인데, 이유는 모르겠지만 반드시 금요일에 만들어야 효험이 있다고 했다. 1860년도까지 민간에서 유행한 처방이라고 막스 바우어는 전했다.

아침 해가 뜨기 전 과수원으로 가라. 발돋움을 하든지, 사다리를 놓든지 간에 본인이 손 닿는 데서 가장 높은 곳에 있는 가장 아름다운 사과를 따야 한다. 그 다음에 하얀 종이를 준비해서 자신의 이름과 사랑하는 이의 이름을 자신의 피로 동시에 쓰라. 이때 빠져서는 안 되는 것이 자신의 머리카락 세 올과 사랑하는 이의 머리카락 세 올이다. 머리카락을 그 종이에 묶은 뒤 그 위에 다시 한 단어인 'SchEVA'를 피로 써야 한다. 그러고는 따놓은 사과를 반으로 가르고 그 속을 도려낸 뒤 그 안에 위에 준비한 종이에 묶은 머리카락을 끼워넣고 사과와 함께 봉하라. 절차가 하나 더 있는데 이것은 사과가 물기 없이 건조해질 때까지 오븐에 말리는 작업이다. 그리고 월계수 잎에 이것을 싸서 사랑하는 이의 베개 밑에 넣어두어야 한다. 이때 사랑하는 이가 눈치 채지 못하도록 해야 한다. 이렇게 하면 너는 그(녀)의 사랑을 독차지 할 수 있을 것이다.

다른 재료도 있다. 겨드랑이 털과 빵조각, 땀에 젖은 실크목도리를 태운 재를 음식에 넣거나 마실 것에 넣는 방법이다. 그러면 앞의 과일 처방과 똑같은 효력을 발휘해서 사랑을 쟁취할 수 있다는 것이다. 식물인 알라우너Alraune를 사용하는 경우도 있었다. 이 식물은 가지과의 만드라고라Mandragora의 유독식물이다. 그 뿌리 모양이 사람의 모습과 비슷하였기 때문에 사랑을 쟁취할 수 있는 돈벌이의 명약으로 생각했다. 흰 백합뿌리를 사용하는 경우도 있었다. 특히 신랑이나 신부가 외모로 승부를 걸 수 없을 때는 이런 종류의 식물을 이용한 마법약을 자주 만들었다.

막스 바우어가 이런 처방을 절대 속임수가 아니라고 강조하는 것을 보면 실제로 어느 정도 효력이 있었던 모양이다. 그러나 간절히 원하다 보면 보이지 않는 손을 통해서 일이 잘 풀리는 경우가 많은 법이다. 사랑의 묘약보다는 간절한 염원이나 기도가 해결책이 되는 경우가 더 많았으리라고 짐작해 본다.

남녀가 사랑의 욕망을 채우기 위해서 사용했던 처방 몇 개도 기록에 남아 있다. 성욕을 키우려면 수사슴이나 늑대의 꼬리를 작게 잘라서 튀겨 먹거나 참새를 프라이팬에 구워 먹으라는 식이다. 수탉, 들꿩도 이런 재료로 언급되고 있다. 사랑하는 이의 머리카락 몇 올을 태운 재를 와인에 타 마시면 서로 지극한 사랑을 나눌 수 있다는 처방도 있다.

양모나 털실을 박쥐 피와 섞어서 마시거나 수노루나 수소의 고환, 혹은 여우의 꼬리 등으로 만든 처방은 여자의 성감대를 자극

한다는 내용도 적혀 있다. 또 여자가 남편을 성적으로 유혹하려고 한다면, 지렁이와 약초를 혼합하여 남편의 음식에 슬쩍 넣으라는 처방도 있고, 산토끼꽃을 가루로 내어 물에 타 먹이라는 처방도 있다고 킥헤퍼Kieckhefer 교수는 전한다.

사학자 부카르트Burchard von Worms는 여자들을 벌거벗겨 밀가루 위를 뒹굴게 하고 그 밀가루를 찧어서 빵을 구워먹으면 사랑을 쟁취할 수 있다고 말했다. 사람들이 가톨릭 미사 중 받아먹는 밀떡을 혀에 넣고 성유를 바른 뒤 이 상태에서 사랑하는 이와 키스를 하면 사랑을 쟁취할 수 있다는 주장도 있었다. 절정의 사랑에 도달하기 위한 남성 성기능 보충약도 있었다. 당시는 거의 식물에서 추출했으니 오늘날로 치면 민간 자연요법인 셈이다. 금어초 Löwenmaul를 씹어 먹든지, 절인 생강을 먹는 것이다. 그 외에도 튤립의 뿌리, 일반 양파, 지중해 지방에서 나는 아니스, 파, 회향풀 Fenchel, 엉겅퀴, 사프란Safran 등을 권장하기도 했다. 1534년 이후 정향나무Gewurznelken와 육두구의 나무Muskatnus도 사랑의 묘약으로 등장했다고 막스 바우어는 전한다. 또 남자가 평소에 흠모하던 여자의 방에 들어가게 되었을 때 반드시 챙겨야 할 방편도 있었다. 오리주둥이를 바짓단에 넣고 들어가거나 병아리의 혀를 상대방이 모르게 음식에 넣어 먹이는 처방이었다.

남녀가 사랑을 나누기 위한 처방이 있다면 반대의 경우도 있었다. 사랑이 귀찮아서 물리치기 위한 방편들이다. 너무나 싱거운 짓으로 보이지만 당시 사람들에게는 매우 간절한 염원을 담은 처방이었던 모양이다. 예를 들면 그(녀)에게 책 한권을 건네는 것인데, 책을 받은 이가 책장을 스르륵 넘길 때 사랑도 날아간다는 원리이다. 당시에는 책이 귀했으므로 이런 방편이 통할 수도 있었을 것이다. 다른 방편은 귀찮은 사랑을 잘라내듯이 칼이나 가위로 무언가를 자르는 것이다.

여기서 그치지 않았다. 지나친 성욕에 시달리는 이들을 위한 약초도 있었다. 버들가지나 백양나무를 장기간 복용하면 성욕을 막는데 큰 효과가 있다는 주장이다. 하지만 이런 약초를 지나치게 복용하여 성 불구자가 되는 경우는 없었을까? 그러나 걱정할 필요는 없었다. 성 불구를 회복하는 방법도 있었기 때문이다. 개미 40마리를 수선화즙에 타서 먹으면 성 불구를 해결할 수 있다고 중세인들은 믿었다.

중세에는 이처럼 갖가지 방편들이 넘치다 보니 이것을 무분별하게 이용하다가 죄를 저지르는 일이 비일비재하였다. 15세기에 스위스의 한 여자는 이런저런 처방을 시도하다가 남편을 죽이고 말았다. 그녀는 살인죄가 아니라 마법죄로 처벌받았다. 스위스 루체른에 살았던 한 여자도 최음제를 사용했다는 죄명으로 법정에 섰는데, 죄 값으로 그녀는 그 도시에서 영원히 추방당했다. 또 어떤 여자는 생리혈로 사랑의 묘약을 만들어 남편에게 먹였는데, 까마귀 날자 배 떨어진다더니 이것을 복용한 남편이 갑자기 죽는 바람에 법정에 서야 했다. 이런 예들은 리하르트 킥헤퍼 교수가 다양하게 언급하고 있다.

사랑의 묘약의 재료는 매우 다양했다. 위에서 언급한 약초, 재, 생리혈 등에서 그치는 것이 아니었다. 때로는 인간의 배설물, 교수대의 나무 조각들도 사용했다고 킥헤퍼는 밝혔다.

저주용 부적도 빠질 수 없었다. 부적 역시 사랑의 묘약을 만드는 재료로 사용했다. 미워하는 사람의 집 정원, 문지방 아래, 베개 밑에 부적을 숨겼는데, 이것으로는 부족했는지 더 강력한 부적 처방이 나오기도 했다. 이를 테면 죽은 쥐 세 마리를 천에 싸서 그 집 마당에 묻고 저주하는 방법이다. 그런데 미신이라는 단어는 엄밀히 보면 그리스도교 측에서 바라본 단어이다. 게르만족에게는 그들 고유의 민간처방일 수도 있기 때문이다.

중세 유럽에 그리스도교가 전파되면서 게르만족의 민간풍속은 그리스도교와 자연스럽게 섞이기 시작했다. 특히 성서와 접목된 부분들이 많았다. 예를 들면 하혈하는 여자의 이야기이다. 성서에 나오는 이야기는 다음과 같다.

예수의 옷에 손만 대어도 병이 나을 수 있다는 믿음 속에 살던 한 여자가 있었다. 어느 날 이 여자는 예수의 옷자락을 잡게 되었다. 이때 예수께서는 곧 자기에게서 기적의 힘이 나간 것을 아시고 돌아서서 군중을 둘러보며 "누가 내 옷에 손을 대었느냐'고 물으셨다."(마가복음 5장 30절)

"바오로의 몸에 닿았던 수건이나 앞치마를 병자에게 대기만 해도 병이 낫고 악령들이 쫓겨났다"(사도행전 19장 12절)

게르만족은 예부터 물건이나 사람에게 알 수 없는 힘이 내재해 있다고 믿었기 때문에 자연스럽게 성서 구절과 연관해서 실생활에 사용했던 것으로 보인다. 성서 구절과 게르만족의 민간신앙이 혼합된 사례는 도처에서 발견되며 아직까지도 유럽 문화에 큰 흔적을 남기고 있다. 이런 사례는 비단 유럽에서만 볼 수 있는 것이 아니다. 모든 종교는 고유 종교와 수입된 종교 사이에 어떤 식으로든 혼합주의가 일어나기 때문이다. 남미로 들어갔던 가톨릭도 마찬가지이다. 남미의 토속종교가 가톨릭과 결합해 이룬 움반다 Umbanda 같은 종교를 보면 알 수 있다(이것을 종교학적으로는 종교혼합주의Synkretismus라고 일컫는다. 그런 의미에서 이런 방편들은 보편적인 종교현상학으로 논의되어야 할 사항이기도 하다).

킥헤퍼 교수는 1485년 인스부르크에 살았던 한 유대 여자의 이야기를 들려주었다. 그녀는 평소에 어떤 사람을 매우 증오했는데 그를 저주하기 위해 상대방이 끊임없는 두통에 시달리도록 염원했다는 것이다. 아예 사랑의 마법과 마술의 축문을 외우는 사람도 있었다고 한다. 예를 들면 이런 염원을 끊임없이 외우는 것이다. "마리아가 아들 예수를 잉태하고 낳아서 사랑했듯이 아무개도 나를 그렇게 사랑하게 하소서!" 여기에서도 민간풍속과 그리스도교가 혼합된 기도 형태가 나타난다. 이런 혼합적인 요소는 사료에 많이 남아 있는데 예수, 베드로, 달, 별, 특별한 약초까지 염원의 대상으로 종종 동원되었다. 사람들은 이런 기도문으로 자기가 미워하는 이들을 저주하거나 물리쳤다고 킥헤퍼 교수는 언급했다.

교회는 이런 풍속을 교회와 분리하려고 애썼지만, 다른 한편으로는 넌지시 부추기는 경우도 있었다. 교부학자 알베르투스 마그누스(Albertus Magnus, 1193~1280)가 권고한 사랑의 묘약 처방을 보자. 그는 "만약 어떤 사람이 특정한 한 사람을 사랑한다면 그 사람을 생각하면서 제비 심장을 몸 안에 지닐 것"을 권유했다. "결혼한 여자가 남편과 특별히 무르익은 성애를 즐기고 싶을 때도 처방이 있다. 바싹 건조시킨 비둘기 심장을 가루로 만들어, 이것을 남편이 먹는 음식에 넣으면 된다"는 말도 덧붙였다. 당시의 교부신학자까지 나서서 이렇게 사랑의 묘약을 계몽한 것이다.

성녀 힐데가르트 빙엔 수녀(Hildegard, 1008~1179)도 피에 관한 처방을 다수 남겼다. 당시 여자의 생리혈은 로마 시대나 중세 시대 모두 명약에 속했다. 수녀인 힐데가르트는 생리혈을 '불'이라 칭하고 이런 피가 묻은 속옷을 보물단지로 여겼다(기사들이 전쟁터에 나갈 때 평소 사랑하는 여자들의 속옷을 챙겨간 것을 발바우스는 생리혈과 연관 짓기도 한다).

힐데가르트 수녀는 하우스크베르쯔Hausqurz 식물을 성애할 때 권하기도 했다. 그렇지만 그녀는 동시에 경고도 잊지 않았다. 성애에 좋다고 지나치게 복용하지 말라는 것이다. 잘못하다가는 역효과로 아이를 낳을 수 없을 것이라고 그녀는 말했다. 그녀의 저서에는 다른 처방들이 방대하게 남아 있다. 그녀는 심지어 '독과 주문 마법 없애는 방편' '남과 여의 성숙한 성에 대해서' '여자의 성 만족도에 대해서' '남자들의 성 만족도에 대해서'라는 처방도 남겼

힐데가르트 수녀.

다. 결혼하지 않은 수녀였지만 성의 영역을 자유로이 넘나들면서 매우 다양한 방편들을 제시한 그녀의 건강 처방은 지금까지 자연요법으로 많이 애용되고 있다.

중세 사람들은 마녀가 성애를 관여한다고 생각했다. 로타르 2세의 이야기이다. 그는 부인과 성애를 나눌 수 없었는데 마귀가 그들에게 마법을 걸어서 그렇다고 생각했다. 참다 못한 그는 주교인 힌크마르Hinkmar에게 호소하기에 이르렀다. 부인과 이혼하고 다른 여자와 결혼해야겠으니 이 문제를 해결해 달라고 청한 것이다.

의사 아놀드(Arnold von Villanova, 1235~1312)가 남긴 글을 통해서도 성애에 관한 풍속이 어느 정도 범람했는지 짐작할 수 있다. 그는 「병과 고통」이라는 제목으로 소논문 Traktat을 썼는데, 병이 생기는 이유는 마귀와 마법과 저주 때문이라고 주장했다. 그는 성 불능은 (그리스도교의) 신이 돕는다면 일반적인 자연 요법으로 치료가 가능하다고 말했다. 만약 저주에 걸려서 병이 생겼다면 다음과 같은 방법을 사용하라고 그는 일렀다. 집 어딘가에 이런 저주의 물건이 있을 테니 찾아서 무조건 치워야 한다는 조언이다. 이런 상황에서 그의 추측은 아마도 누군가가 그 부부의 침대 밑에 '닭의 고환'을 넣어 두었을 것이라는 데에까지 이르렀다. 아니면 박쥐의 피로 주술을 쓴 종이가 있을 수도 있으니 빨리 찾아내 소각하라고 권하기도 했다. 이런 마법이 만연할 때 가장 간단히 해결할 수 있는 방편은 생선 쓸개를 태워 침실에 연기를 피우는 것이라고 그는 주장했다.

그는 이 예식의 근원을 성서의 「토비트서」 6장(Tobisas, 토비아서라고도 함. 이집트에 살던 경건한 유대인 토비트와 그 아들 토비아를 주인공으로 하는 가정 이야기인데, 옛 전설 등을 그 소재로 한다. 개신교와 유대교에서는 정경으로 인정하지 않지만 가톨릭에서는 정경으로 인정한다. 토비트서 6장에는 다음과 같은 이야기가 실려 있다. 한 청년이 천사에게 물고기의 염통과 간, 쓸개가 무엇에 쓰는 것이냐고 물었다. 그러자 천사가 "마귀나 악령에 시달리는 남자나 여자 앞에서 물고기의 염통과 간을 태워 연기를 피우면, 그 시달림이 깨끗이 사라져서 더 이상 남아 있지 않게 된다오. 쓸개는 하얀 막이 생긴 사람 눈에 바르고 그 눈 위로, 하얀 막 위로 입김을 불면 눈이 좋아진다오."라고 했다. 민간요법을 이용했음을 알 수 있는 구절이다)에서 찾았다. 또한 검은 털을 가진 개의 피를 벽에다 바르면 악한 기운이 물러난다고 했다. 상태가 좋지 않을 때는 엄중하고 기이한 제식을 올려보라고 했다. 이때 성서의 요한복음의 첫 구절을 종이에 쓰는 것을 잊지 말라고 그는 당부했다. 이 제식 동안 이용할 첫 구절은 "태초에 말씀이 계셨다. 이 말씀이 하느님과 함께 계셨으니 이 말씀이 하느님이시니라"인데, 그는 종이를 버리지 말고 물에 타서 부부가 함께 마셔야 하며, 나뭇잎, 과실들을 시뻘건 석탄에 태우면 악마를 물리치는 데 더욱 좋다고 했다.

소위 최음제 전문가라는 이들도 등장했다. 중세의 최음제 분야의 일인자는 사랑의 묘약 전문가로 잘 알려진 피에트로Pietro Andres Mattioli였다. 당시 최음제는 약이 아니고 마법의 묘약용으로 쓰였는데, 피에트로는 약초로 사랑의 묘약을 만들거나, 기이하고 이상한 재료로 부적을 만들어 비싼 값에 팔았다. 그가 만든 재료를 보면 특별할 것이 없다. 부부들의 사랑의 묘약으로 그는 노란 순무를 권했고, 더 강한 사랑의 묘약을 원한다면 파슬리와 당근을 복용하라고 했다. 그가 제시한 또 다른 사랑의 묘약은 가지과의 독초인 사리풀Bilsenkraut이었다. 이것은 켈트족이 사용하던 식물인데 이것을 섭취하면 사랑의 황홀경을 즐길 수 있다고 주장했다.

이런 약풀을 많이 사용했던 곳은 시의 공창, 주로 '여성의 집'이었다. 공창 포주들이 고객들에게 이 풀을 나눠주고 그들이 매춘부들과 성애를 즐길 때 즉시 황홀경에 빠질 수 있게 한 것이다. 이런 소문이 퍼지면서 자연히 묘약을 만들어 파는 이들의 돈벌이도 늘어났다.

여기서 알 수 있는 것은 인간의 욕망을 채우기 위한 갈망은 당시나 지금이나 크게 다르지 않다는 것이다. 몸에 좋은 약이라면 가리지 않는 오늘날의 세태를 중세의 이런 처방과 비교해볼 수도 있겠다. 그리고 한마디 덧붙인다면 지금까지의 다양하고 오묘한 처방 중에는 사실 어처구니없는 약초가 많지만 당시 사람들은 이런 식물들에 대해서 전혀 몰랐다는 점이다. 그 점을 염두에 둔다면 이런 재료를 가지고 처방을 하고 그것을 의심하지 않고 믿었던 당시 사람들의 마음을 조금은 이해할 수 있을 것이다. 어쨌든 중세 사람들은 사랑을 쟁취하고 사랑을 물리치기 위해서 울고 웃으며 다양한 방편들을 찾아내었다. 그것이 효력이 있었는지 없었는지는 당시를 살았던 사람들에게 일임하기로 하고 우리는 다만 문화사로 이것을 바라보도록 하자.

신랑감을 찾는 처방과 '첫날밤의 물고기'

언제 결혼할지 몰라 공포에 떨고 있는 처녀들을 위한 처방도 있었다. 이런 처방으로 미리 테스트를 하면 언제 신랑감을 만날 수 있을지 미리 예견할 수 있다는 것인데, 황당하지만 소개해 본다.

처방에 의하면 세례 요한 기념일인 6월 24일, 11~12시에 초원으로 가서 아홉 가지의 풀을 뜯으라고 권했다. 아무것이나 뜯어서는 안 되고 서양메꽃Winde, 쥐소니풀과인 이질풀Storchschnabel 그리고 운향과인 헨루다Feldraute는 반드시 뜯어야 하며 이것들로 꽃다발을 만들라고 했다. 화환을 만든 뒤에는 치러야 할 예식이 있었다. 화환을 뒤에 서 있는 나무를 향하여 던지는 것이다. 여러 번 던졌는데도 화환이 그 나무에 걸리지 않으면 처녀의 결혼은 아직 멀었다는 뜻이니 꾹 참고 더 기다리라고 했다.

미리 결혼할 남자의 얼굴을 아는 방법도 있었다. 5월 첫날 해가 뜨기 전, 통 하나를 깨끗이 청소한 뒤 로즈마리를 들고 한적한 곳에 있는 물가로 가라고 했다. 그리고 기도하면서 축원을 빈 뒤, 무릎을 꿇고 물을 떠서 집으로 가져와 해가 질 즈음 중얼거리면서 다음과 같은 주문(Ami, rebi, beli)을 아홉 차례 말한 뒤 해가 완전히 지기 전에 물을 휘저어 보면, 그 속에 앞으로 만나게 될 신랑의 얼굴이 보인다는 것이다.

왁스로 얼굴 형상을 만들어 그것을 물에 담갔다가 햇빛에 놓아두는 방법도 있었다. 해가 넘어갈 즈음 왁스를 들고 부엌에 가면 사랑하는 이의 얼굴 형상이 나타난다는 것이다. 재미로 읽어야 할지 진짜 마법의 힘이 그 안에 내재하고 있는지는 여기서 알 수 없다. 아무리 풍속이라고는 하지만 이해하기 힘든 것이 사실이다. 하지만 한 가지 우리가 기억할 것이 있다. 중세에는 한 남자가 한 여자를, 한 여자가 한 남자를 만나는 것이 쉽지 않았기 때문에 이런 다양한 방편들이 유행할 수밖에 없었다는 사실이다.

소위 처녀성을 잃은 여자에 대한 처방도 있었다. 처녀는 결혼식을 올리기 전날, 첫날밤에 사용할 물고기 한 마리를 준비하면 된

남녀가 사육제에서 춤을 추고 있는 장면.
『루체르너 쉴링』에 실려 있다.

다. 신랑과 밤에 물고기를 튀겨 먹으라는 뜻은 물론 아니다. 물고기의 부레에 비둘기 피를 채워서 신랑 몰래 사용하라는, 그야말로 전문가다운(?) 조언이다. 사학자 발하우스는 이런 풍속이 중세 1000년의 세월 중 어느 시기에 해당된다고 자세하게 언급하지는 않았다. 다만 처녀성을 중시한 것을 보면 이 처방은 앞의 '찾아가는 밤'과는 상관이 없는 다른 지방의 풍속이라는 것을 알 수 있다.

이런 유사한 풍속이 성애, 결혼에만 국한되는 것은 아니었다. 행복을 찾는 방법, 자손을 번식하는 방법, 축복 받는 방법, 집에서 나쁜 기운을 없애는 방법, 산모가 애를 쉽게 낳을 수 있는 방법 등이 만연했다고 발하우스는 전한다. 발하우스뿐만 아니라 킥헤퍼 교수의 저서 『중세 사람들의 마법』에도 이런 내용이 다양하게 실려 있다.

조금 다른 내용이지만 당시의 성애와 연관되는 풍속도 몇 가지 살펴보자. 먼저 풍요와 수확을 기리는 게르만족의 5월의 축제가 다가오면 마을에서 가장 힘 세고 건강한 남자를 선발하여 '마을의 왕'이라는 칭호를 붙여주었다. 왕은 이때 처녀를 제공(?)받았는데 선택된 처녀는 여왕이라고 불렸으며 그들은 공식적으로 성애를 여러 차례 가져야 했다. 왕과 여왕이 성애를 많이 가질수록 비례해서 그 마을이 풍성한 농작물을 거둘 수 있다고 믿었기 때문이다. 그 이후 두 사람이 결혼했는지에 대한 언급은 찾을 수 없었다. 나름대로 마을의 규율이 있었으니 다른 대책도 있었으리라고 짐작할 뿐이다.

벌거벗은 여자의 몸도 처방의 하나로 쓰였다. 중세 사람들은 여자의 벌거벗은 모습을 좋은 징조로 여겼다. 어떤 지방에서는 여자들을 벌거벗기고 봄에 경작할 땅에서 구르게 하기도 했다. 벌거벗은 여자들 덕에 풍요로운 수확이 보장된다는 속설 때문이었다. 지금도 독일에는 갓 결혼한 부부가 부활절이나 성신강림절 때 언덕을 구르는 풍속이 있는데 여기에서 유래한 것으로 보인다. 한쪽에서는 농부들 스스로 풍요를 기원하기도 했다. 교회에서 축성 받은 농부는 축성이 사라지기 전에 자기 땅에 드러누워서 금방 받은 축성이 땅에 속히 스며들기를 기원하였다. 젊은 남녀는 자신들의 밭을 뒹굴며 축원했고, 갓 결혼한 부부는 서로 껴안고 씨앗을 늘어놓은 데까지 뒹굴기도 했다. 켐니츠Chemnitz에 사는 사람들은 성 요한 축일 밤에 양파 위에서 구르기도 했다. 이 모두는 풍성한 수확을 기원하는 행위였다.

나무 섬김이라는 풍속도 있었다. 신들이 나무를 통해 존재한다고 믿었던 사람들은 나무를 통해서도 기원을 했다. 독일의 한 지방에서는 결혼식을 올리는 신부가 자작나무를 들고 교회로 들어가는 경우도 있었고, 폴란드의 신부는 소나무 가지를 들고 결혼식에 참여했으며 첫날밤 침대에까지 소나무 가지를 들고 가는 신혼부부도 있었다. 나무가 무성히 자라듯 자식을 많이 낳기를 바라는 마음에서 나온 풍속이었다.

18세기까지 독일에서는 남근상 앞에서 기도하는 풍속이 있었다. 심지어 남근상을 부적으로 목에 걸고 다니는 사람도 있었는데 교회에서는 이를 매우 엄한 벌로 다스렸다고 한다. 좋지 않은 일이 생기면 인간은 이런저런 방편에 기대게 된다. 물에 빠지면 지푸라기라도 잡듯이 어려운 일에 처하면 규정이나 교리보다는 민간요법에서 방편을 찾는 것이 사람의 마음인가 보다. 교리는 복잡하지만 방편은 단순하고 본인이 직접 사용할 수 있으니 이런 방법이 사람들 사이에서 더 활개 칠 수밖에 없었으리라.

규제에 나섰던 교회에서도 미신적인 방편을 일부 수용하였다. 18세기까지 프랑스 지방에서는 성 길레스(Gilles von Cotenrin, 640~710/724) 축제 때 나무로 만든 남근상을 세웠는데 아이를 낳지 못하는 여자들이 이 나무상의 일부를 깎아서 와인에 타 마셨다고 한다. 성인 고르고니오 축일에는 유리로 만든 남근상을 목에 걸고 다녔다. 18세기까지 성지순례자들은 2센티미터 크기의 남근상을 들고 다녔는데, 바이에른 지방에서는 그것을 들고 있는 남자들이 처녀를 만나면 무조건 안고 키스를 하는 풍속도 있었다. 바이센부르크의 에메츠하임Emetzheim에서는 남근상과 유사한 것을 만들어 아이를 낳지 못하는 여자들이 기원을 하였다.

성모상 역시 그리스도교의 유물이지만 각 지방의 자연종교와 풍속의 영향을 받은 흔적이 도처에서 확인된다. 가슴을 열어놓은 성모상이 있는가 하면, 마리아의 젖가슴에서 분수처럼 물이 뿜어져 나오게 만든 경우도 있는데 이 물을 마시고 치유를 빌기 위해서였다.

이탈리아의 시칠리아에서는 왁스로 만든 성녀 아가타(Agatha,

225~250)의 젖가슴을 품고 다니는 풍속이 있었다. 성녀는 젖가슴을 잘린 채 죽었지만 그녀가 죽은 뒤 젖가슴이 다시 생겼다는 이야기가 번지면서 이 성녀는 젖가슴을 상징하는 성녀로 불리게 되었고, 많은 여자들이 성녀에게 복을 빌게 된 것이다. 그 외에도 모유가 부족할땐 불란디아Blandia에게 빌었고, 젖가슴이 적은 여인들은 호로니아Horonia와 가타리나Katharia에게 빌었다. 리베르타Liberata는 공식적으로 교회에서 인정한 성녀는 아니지만 이탈리아 사람들에게는 성녀로 불리고 있다. 특히 그녀는 아이를 기원하는 여자들의 성녀로 불린다.

이처럼 어느 것이 교회 것이고 어느 것이 미신인지 분간하기 힘들 정도로 종교와 풍속의 혼합주의가 중세 유럽 도처에서 확인된다. 이런저런 사랑의 묘약 처방이 중세에 잠깐 유행한 것이 아니고 근대에까지 연장이 되기도 했는데 위에 소개했던 피에 대한 처방 문화는 중세를 거쳐 18세기까지 존속했다.

지금까지 우리는 그리스도교가 들어오면서 게르만족의 풍속을 없애고자 했지만 그 시도가 수포로 돌아가고 오히려 게르만족의 풍속이 그리스도교에 혼합되어 지금까지 전승되고 있는 사례를 살펴보았다. 중세 유럽의 이런 풍속은 우리가 서낭당이나 삼신각에서 절하면서 아들 낳게 해달라고 비는 것이나, 정화수 떠놓고 축원하는 것과 어느 면에서는 닮아 보인다. 우리나라에 들어온 그리스도교 역시 기존 종교의 샤먼 풍속을 저지하려고 했지만 그 뿌리까지 완전히 잘라내지 못했기에 이런저런 풍속들이 아직까지도 남아 있음을 우리는 잘 알고 있다. 중세의 성 문화를 들여다보면 공통점이 있다. 사람들이 각종 삶의 방편을 자연 안에서 찾으려고 애썼다는 사실이다.

허례허식을 막기 위한 각종 규제

지불 능력이 있는 귀족들은 호화로운 결혼식을 올렸고, 이날만큼은 평소 배고픔에 시달렸던 밑바닥 인생들이 마음껏 얻어먹을 수 있는 '마을 잔치'가 벌어졌다고 앞에서 이야기한 바 있다. 중세에는 귀족의 결혼식이 곧 마을 잔치이기도 해서 결혼식을 '자선의 날'이라고 부르기도 했다. 문제는 가진 것 없는 사람들이 벌이는 호화판 결혼식이었다.

중세 후기로 갈수록 가진 것 없는 사람들도 점점 더 호화판 결혼식을 치르기 시작했다. 결혼식을 축하하기 위해 모인 하객들에게 일주일간 먹고 마시는 것을 제공하기 위해 엄청난 돈을 지출하는 일이 비일비재하였다. 16세기의 인문주의자 야코브 빔퍼링Jakob Wimpferling이 남긴 자료에도 "옛날과는 달리 농부들이 재산을 모으기 시작하자 귀족들의 호화판 결혼을 흉내 내고 있다"는 기록이 남아 있다. 퀸넬Kuenel의 기록에는 "내가 알고 있는 한 농부는 아들딸의 결혼을 위해 사치스러운 혼수를 장만했다. 결혼식 비용을 마련하기 위해 집과 농토, 심지어 포도밭까지 팔았다"고 적혀 있다.

위는 리데가 그린 귀족의 결혼식,
아래는 브뢰헬의 그림, 〈농가의 결혼〉.

경쟁하다시피 호화판 잔치를 열다 보니 결혼식을 치르고 나서 가정 경제가 파탄에 이르는 집이 수두룩했다. 한마디로 안으로는 궁핍하지만 밖으로는 나도 '저 집처럼' 하면서 보여주기 위한 경쟁심이 작용한 것이다.

지나친 지출로 인한 부작용이 속출하자 관청에서는 사회적인 분위기를 바로잡기 위해 결혼식의 세부 규정을 만들기 시작했다. 규정에 따르면 하객들에게 여섯 차례 이상 음식을 제공해서는 안 되었다. 그렇지만 경제력이 있는 집의 경우에는 열두 번까지 예외를 허용했다. 결혼 축하연도 하루를 넘겨서는 안 되었고 하객 숫자도 제한했다.

16세기 초에는 하객을 열여섯 명까지만 허용한 적도 있다. 예를 들면 친척이나 길드 등 동아리의 구성원은 초대할 수 있지만 그 외의 하객을 초대할 경우는 2실버마르크를 벌금으로 내야 했다. 또한 친척은 1굴덴의 선물을 하는 것이 가능했지만 친척에 속하지 않은 이들은 5실링의 선물만 할 수 있었다. 이런저런 규정에서 제외되는 이들은 신랑신부의 부모였다. 부모가 자식에게 투자하는 것까지는 막지 않았던 것이다. 하지만 다른 이들이 분수에 넘치는 선물을 하는 것은 막았다. 믿기 어렵지만 위의 내용은 1488년 취리히의 결혼식 문서에 나오는 기록물이다. 1485년 뉘른베르크의 혼례 규정도 취리히와 유사하다. 특별한 점이라면 이곳에서는 혼례 때 타고 오는 말의 숫자까지 제한했다는 점이다.

15세기 중엽 몰렌부르크Mollenburg 지방에서는 여자에게는 잔칫상을 세 개까지 허락했고 남자들에게는 한 개의 잔칫상만을 허락했다. 1451년 남부 오스트리아 지역인 릴리엔펠트Lilienfeld에서도 결혼식에 여섯 개의 잔칫상만을 허락했다는 기록이 남아 있다. 1232년 독일의 브라운슈바이크의 도시법문서Stadtrecht에 남아 있는 자료를 보면 결혼식에 쓰이는 그릇까지 감시한 것을 알 수 있는데 특히 은으로 치장한 그릇은 사용을 금지시켰다. 위 기록을 통해서 알 수 있는 것은 관청의 개입이 상당한 지경에 이른다는 사실이다. 결혼식이 사치로 치닫다 보니 관청에서도 일일이 규제할 수밖에 없었던 모양이다.

그러나 귀족들은 사치스러운 결혼식을 치러도 별다른 규제가 없었다. 퀸넬도 앞서 1474년 귀족 암베르거의 잔치를 언급했고, 1475년에 열렸던 바이에른 지방의 귀족과 폴란드의 카시미르 4세의 딸의 어마어마한 잔치를 소개한 바 있다. 이런 귀족의 결혼식은 취리히나 뉘른베르크의 법규에 비하면 규정을 어겨도 한참 어긴 것이다. 귀족들은 어떻게 호화스러운 결혼식을 열 수 있었을까? 귀족들의 호화판 결혼식은 시의 허락을 이미 받은 것일까? 아니면 권력이 있기에 이런 규정쯤은 무시해도 된다고 생각한 것일까? 아니면 취리히와 뉘른베르크에는 이런 규정이 있었지만 우라흐에는 이런 규정이 없었던 것일까?

급기야 결혼 전야 신부가 목욕하는 것까지 관청에서 규제하기에 이르렀다. 중세에는 결혼 전날 신부가 친구들과 모여 목욕하는 풍속이 있었다. 이름 하여 '신부목욕' 제도이다. 허례허식과 사치가 판을 치다 보니 당연히 관청에서는 여기에도 개입했다. 신부와 함께 목욕하는 손님의 숫자는 물론, 그 비용, 그리고 신부에게 주는 선물까지도 일일이 간섭했다. 목욕옷도 지나치게 값나가는 경우는 사치품으로 분류했다. 그렇지만 날이 갈수록 결혼 전 목욕 문화의 사치는 도를 넘어갔다. 신부의 비싼 목욕 문화 때문에 높은 금액의 벌금을 문 경우도 15세기 중엽의 독일 도시 뤼벡의 자료에 실려 있다.

결혼 마차, 결혼 케이크, 결혼 화환

요즘도 유럽에서는 간혹 결혼식을 마친 신혼부부가 마차를 타고 손을 흔들며 달리는 모습을 볼 수 있다(유럽의 왕족들은 지금도 결혼식을 치른 뒤 마차를 타고 달리지만, 평민들은 대개 차로 이동한다. 독일에서는 신랑신부를 태운 차에 깡통을 달아 거리를 달리는 풍속이 남아 있다. 차에 매단 깡통이 아스팔트와 부딪혀 땡그랑 땡그랑 소리를 내고 클랙슨을 빵빵거리면서 지나가면 누군가 결혼했다는 것을 쉽게 알아차릴 수 있다). 이것은 중세의 마차 풍속에서 유래한 것이다. 결혼식 때 꽃바구니를 든 아이들을 화동으로 앞세우는 모습도 바이에른 지방에서는 많이 볼 수 있는데 이런 풍속이 모두 중세 때부터 유래한 것이다.

결혼 음식을 살펴보면, 독일의 결혼 피로연에서 빠지지 않고 등장하는 것이 '쿠헨Kuchen'이다. 신혼부부가 함께 빵을 자르는 전통은 로마 시대부터 유래한 것이다. 중세에는 아몬드로 만든 케이크를 신부의 머리 위에 붓기도 하고, 결혼 케이크를 잘게 조각내서 결혼식에 초대된 하객들에게 나눠주기도 했다. 중세 후기로 가면서 하객들이 각자 구운 빵을 들고 와 그것을 일종의 탑처럼 층층이 쌓는 방식으로 결혼 케이크의 모양이 변모하기 시작했다(독일에는 아직도 유사한 제도가 남아 있다. 결혼 케이크를 만들기 전에 신랑신부 친구들이 미리 전화로 연락해 양이나 크기 등을 합의하는 것이다. 그 뒤 각자 분담 받은 모양의 케이크를 들고 와서 가급적 그 탑이 넘어지지 않게 조심하면서 케이크를 쌓는다). 음식을 먹고 난 뒤 함께 춤추는 자리는 마을 청년들이 다른 처녀를 사귀는 공공연한 중매의 장이 되었다. 오늘날의 파티와 유사한 개념이라고 할 수 있다(지금도 독일에서는 결혼식 전날 밤 이웃들이 신랑신부를 위해 자그마한 축제를 열어준다. 소나무 가지 다발을 만들어 신혼부부가 살게 될 집 앞에 걸어주는 것이다. 꽃다발을 만드는 것은 대개 이웃집 여자들이고 설치하는 것은 남자들의 몫이다. 설치할 때는 함께 부부를 위해 축복의 노래를 부르고, 그 이후 잔을 돌려가면서 와인을 마신다).

중세 브레멘 지방에서 성행했던 화환을 엮는 풍속을 살펴본다. 결혼식을 며칠 앞두고 신부의 친한 친구들은 미르테(Myrte, 협죽도과의 식물)로 화환Myrtenkranz을 만드느라 바쁘다. 처음 결혼하는 처녀에게 미르테로 화환을 만들어 주는 것은 그 흰색이 신부의 순결을 상징하기 때문이다. 두 번째 결혼식을 올리는 신부에게는 흰색이 아닌 오렌지 색깔로 화환을 만들어 주었다.

화환을 만들고 나서는 신랑은 물론 신랑 친구들까지 초대하여 잔치를 벌였다. 이렇게 만든 부케를 신부 머리에 얹어주면 신랑 친구들이 와서 꽃다발을 의도적으로 풀어헤쳤다고 한다. 풀어헤친 꽃다발을 받는 여자가 바로 다음에 결혼할 후보가 된다는 속설이 있었기 때문이다.

결혼식 후에 신부는 꽃다발을 던졌다. 결혼하지 않은 처녀들은 신부 주위에 모여 있다가 신부가 던진 꽃다발을 잡으려고 애를 썼다. 중세 유럽에서는 꽃다발을 받으면 다음은 자기 차례라고 매우 좋아했다고 한다. 오늘날 우리들도 결혼식이 끝나면 자연스럽게 신부가 친구들에게 부케를 던지는 풍속이 있는데 바로 중세 유럽의 결혼 풍속에서 기원한 것이다. 결혼 축하연이 열리는 동안 하객들은 신부 친구 중 한 사람을 뽑아 작은 꽃다발을 선물로 주기도 했다.

결혼식 장소를 온갖 꽃으로 장식하는 풍속은 르네상스 이후부터 시작된 것이다. 결혼식을 주로 5월에 치르는 것도, 사람들이 몸을 자주 씻지 않았기 때문에 꽃 향기를 통해서 냄새를 없애려는 의도가 다분히 들어 있었다고 한다. 당시에는 꽃 냄새가 지나치게 강렬한 나머지 신부가 결혼식을 하는 동안 기절하는 경우도 종종 있었다. 친구나 하객들이 신랑신부에게 곡물을 던져 주는 경우도 있었는데 이는 자손을 많이 낳으라는 의미로, 대추를 신랑신부에게 던져주는 우리의 풍속과 유사하다고 할 수 있다.

'뉘른베르크의 잔'과 면사포 춤

중세 독일의 뮌스터 지방에서는 결혼식 전날 신랑이 총각 때 입던 바지를 태우는 의식을 행했다. 총각의 지위에서 벗어난 것을 사방에 알리는 의식이었다. 신랑은 친구들과 전통주를 함께 마신 뒤 술 한 병을 바지 잿더미 속에 묻어두고, 1년 후 이 행사에 참석했던 이들을 불러서 잿더미 속에 묻어둔 술을 꺼내 마셨다.

남부 독일 뉘른베르크에서는 잔 이야기가 전해진다. 일명 '신부의 잔' 혹은 '뉘른베르크의 잔'이라고 하는데 이야기는 다음과 같다. 한 금세공사가 귀족의 딸을 사랑했다. 신분 사회인 당시로서는 이루어질 수 없는 사랑이었다. 이 사실을 안 그녀의 아버지가 금세공사를 감옥에 집어넣었다. 하지만 딸은 그를 좋아했던 모양이다. 딸의 간청에 못 이겨 아버지는 그를 다시 감옥에서 꺼내주었지만 금세공사에게는 한 가지 명령을 했다. 동시에 두 사람이 물을 마셔도 물이 흘러내리지 않는 잔을 만들라는 명이었다. 노련한 금세공사는 여자의 형상을 본떠 잔을 만들고 거기에 두 번째 주둥이를 달았다. 그가 만든 잔을 든 남녀는 한 방울의 물도 흘리지 않고 동시에 물을 마실 수 있었다. 그 이후 이 잔은 사랑의 상징으로 간주되면서 신부의 엄마가 딸에게 혼수로 장만해 주는 필수품이 되었다.

결혼식 때 흰 면사포를 쓰고, 흰옷을 입는 이유는 앞에서 밝힌

'뉘른베르크의 잔'이라고 알려진 결혼 잔이
오늘날까지 전해져 내려오고 있다.

바 있다. 흰색이 여자의 처녀성을 상징하는 표징이기 때문이다(필자의 독일 친구가 독일 북해의 한 호텔에서 결혼식을 올렸는데 그때 친구는 흰색 드레스가 아니라 베이지색 드레스를 입고 있었다. 왜 흰색이 아니고 그 색깔의 드레스를 골랐냐고 후에 물었더니 이들이 혼전에 동거를 했기 때문에 베이지색을 택했다고 그녀는 이야기했다). 농부의 딸들은 처음에는 일요일에 교회에 갈 때 입는 검은색 옷을 입고 결혼식을 올렸지만 이들도 점차 흰색 옷으로 바꿔 입기 시작했다.

다음은 '면사포 춤'을 소개한다. 이름 그대로 면사포를 쓰고 춤춘다는 뜻이다. 이 의식은 한밤중에 치러졌는데 이 풍속은 오늘날까지도 독일에 남아 있다. 한밤중이 되면 신부는 더 이상 신부가 아니고 결혼한 여자로 바뀐다. 결혼식 당일 밤, 신부가 면사포를 쓰고 혼자 춤을 추면 신부의 친구들이 달려들어 신부의 면사포를 빼앗아 나누어 가졌다. 이때 가장 큰 면을 차지한 처녀는 행운의 여자로 간주되었고, 그녀는 빠른 시일 내에 결혼할 수 있으리라고 믿었다. 어떤 지역에서는 신랑신부가 함께 '면사포 춤'을 추기도 했다. 신랑이든 신부든 이들과 춤을 추고 싶은 하객은 면사포 안에 돈을 넣어야 했다. 이런 방법을 통해서 새로 시작하는 부부에게 경제적인 도움을 주려는 의도도 있었다. 결혼 축하연 동안 신부의 신발을 빼앗아 축하객들이 상징적으로 돈을 거는 풍속도 있었다. 최상으로 낙찰된 금액은 신혼부부에게 주었고 신발은 다시 신부에게 돌려주었다.

짚을 썰어서 깔고 뿌리는 행위도 결혼 축제에 이용되었다. 대개는 신랑의 친구들과 친척들이 신부의 집에서부터 신랑의 집까지 짚을 뿌리는 일에 동참했다. 신부가 신랑 집에 가는 동안의 자취를 남기는 동시에 서로 다른 두 지역의 사람이 결혼으로 돈독한 관계를 맺었다는 것을 상징하는 행위였다. 신랑신부의 부모들이 맥주나 음료수를 이들 앞에 내놓을 때까지 이들은 짚을 길가에 뿌렸다. 그러고도 남은 짚은 후에 신혼부부의 집 마당에 거름용으로 뿌리고 함께 모닥불을 피워 고기를 구워먹었다.

어떤 지역에서는 결혼식을 마친 신랑신부가 나무에 톱질을 했다. 주로 고철 톱Schrotsäge을 사용했는데, 부부가 앞으로의 결혼 생활에서 균등하게 함께 일하며, 서로의 말과 행동에 관심을 기울이고 균형감각을 가지고 화합하겠다는 상징으로서의 행위였다. 신랑신부가 식을 마치고 교회를 나오면 쌀을 뿌려주는 곳도 있었다. 자손을 많이 낳아서 대를 이으라는 뜻이었다. 신랑신부의 꿈과 희망이 잘 이루어지라는 뜻으로 비눗방울을 뿌려주기도 했다.

다음은 '신부 훔치기'이다. 친한 친구들이 신부를 데리고 이 주점 저 주점으로 옮겨 다니면서 술과 음료를 마시는 것이다. 그러면 신랑은 따라다니면서 비용을 부담했다. 이들은 일부러 신랑이 찾기 쉬운 장소를 골라다녔다. 오스트리아와 독일 바이에른 지방의 시골에서는 아직도 이런 '축제'를 행한다. 신랑이 나타날 때까지 친구들이 먹고 마시고 노래 부르고 있으면 신랑이 나타나서 이들이 먹고 마신 음식 값을 지불하거나 신랑 아버지가 나타나 아들의 음식 값을 대신 내기도 한다.

또 재미있는 것은 신혼부부가 살 집에 놓을 물건을 옮겨놓거나 숨기는 풍속이다. 예를 들면 목욕탕의 물건을 전혀 다른 곳으로 옮겨 버리거나, 슬쩍 책을 숨기는 것 등이다. 침실을 잠그고 열쇠를 감춰 버리거나 삶은계란을 날계란 사이에 가지런히 넣어두기도 하고, 색이 비슷한 설탕과 소금을 바꿔치거나 밀가루에 물을 가득 채워놓는 등 짓궂은 장난을 치기도 했다. 친한 친구들이 신혼부부를 깨우는 풍속도 있었는데 어떤 지방에서는 총까지 사용하다가 다치는 사람이 늘면서 이 풍속은 비판의 대상이 되고 점차 사라져 버렸다.

신혼 첫날밤의 닭고기

신랑신부가 법적인 부부로 인정받기 위해서는 위에서 여러 번 밝혔듯 몇 가지 의식을 치러야 했다. 가장 중요한 의식은 신랑신부가 증인, 그리고 하객들이 보는 앞에서 함께 침대에 들어가는 행위였다. 첫날밤을 치르기 전, 신랑은 자기가 신었던 양말(옛날엔 바지)을 짧게 잘라 식장에 온 손님들에게 나누어 주기도 했다.

침실로 인도하는 것에도 여러 가지 형태가 있었다. 어떨 때는 하객들이 증인이 되어 옷 벗은 신부를 신랑에게 넘겨주기도 했다. 유럽에서는 1800년대까지 이런 풍속이 존속했지만 지금은 남아 있지 않다. 지체 높은 귀족 부인이 귀족 출신 신부를 호화로운 침실로 안내하는 경우도 있었다. 신랑을 신부에게 넘겨주는 방법도 유사했다. 주로 훤칠한 귀족 남자가 신랑을 신부에게 데려가 신부 옆에 자연스럽게 눕히는 경우가 많았다. 하객들은 두 사람에게 이불을 덮어준 뒤 문밖에서 성적인 요소가 가미된 노래를 부르다가 적절한 시간이 흐른 후 다시 신혼부부 방으로 몰려 들어갔다. 당시는 친구나 친척들이 신혼부부의 침대를 방문하는 것을 이상하게 생각하지 않았다. 그들은 수고했다는 의미로 신랑신부에게 마실 물을 주었고, 신랑신부는 물 한 모금 마신 뒤 침대에서 몸을 일으켜 법적으로 완벽한 부부가 되었음을 사방에 알렸다.

첫날밤에는 신랑신부에게 음식과 음료수를 제공하기도 했다. 음식 중 빠지지 않는 것이 튀긴 닭고기였는데 이 닭고기를 '신부 닭고기'라고 칭했다. 하객들은 그들이 들고 온 선물을 그냥 주기도 했고 침대에 던져주기도 했다. 이렇게 신랑신부들은 모든 하객들이 보는 데에서(물론 신랑신부가 침대에 함께 올라가는 것까지만) 첫날밤을 치렀다. 이런 개방적인 모습을 추잡하고 음탕한 것으로 여기지 않고 풍속의 한 연장선으로 여기고 함께 즐겼다.

중세의 결혼 풍속은 지금도 유럽 곳곳에 남아 있다. 일상적인 말속에서 남아 있는 것으로는 "만약에 함께 침실에 들어갔다면" "만약에 두 사람이 이불을 덮었다면" "누군가와 한 이불 속에 들어갔다면" 등등이다. 오늘날 신랑신부들은 신혼여행을 떠나기 바쁠 뿐, 하객들과 이런 문화를 즐기려는 경우는 거의 찾을 수 없다. 중세의 사회가 더불어 살았던 공동체 사회였음에 비해 오늘날은 그만큼 개인주의가 만연한 시대라는 것을 결혼 풍속을 통해서도 엿볼 수 있다.

예식을 마친 신혼부부가 살 집에 도착하면 다음 예식이 또 기다리고 있었다. 집에 당도한 이들은 먼저 집 아궁이에 불을 지폈다. 예부터 아궁이는 집안 살림을 상징하는 것이다. 이들은 불을 지피는 행위를 통해 신혼부부가 잘살 수 있기를 빌었던 것이다. 당시의 아궁이는 금과 동일시할 정도로 중요한 상징물에 속했다고 멤만Memmann 박사는 밝히고 있다. 불을 지피는 행위는 조상을 공경하는 행위인 동시에 신부가 지금부터는 이 집 식구라는 뜻을 내포하는 것이었다.

신랑신부가 법적인 부부로 인정받기 위해서는 증인,
그리고 하객들이 보는 앞에서 함께 침대에 들어가야 했다.

여기서 소개한 풍속들은 게르만족에게 오랫동안 전해진 것이다. 유럽에 그리스도교가 전파되면서 민간풍속 역시 그리스도교에서 유래한 풍속으로 대체되면서 갈등이 빚어지기 시작했다. 특히 중세의 마녀 사냥은 게르만족의 풍속과 그리스도교 풍속의 마찰로 빚어진 것이라고 볼 수 있다. 수천 년을 이어온 게르만족의 풍속은 그리스도교 옷을 입었다고 하루아침에 사라진 것이 아니라 사람들 속에 뿌리 깊게 남아 있었는데 교회는 이것을 이단시했고 결국 마녀 사냥이라는 죄명을 갖다붙여 처단한 것이다.

멤만 박사가 쓴 게르만족의 풍속 중에는 갓 결혼한 신랑이 신부와 처음 신혼집에 들어갈 때 신부를 안고 문지방을 건너는 행위가 있다. 이것은 그리스도교가 유럽에 정착하기 전 게르만족에게 전해진 풍속인데 핵심은 조상 숭배에 있다. 당시 게르만족들은 죽은 조상을 집 문지방 밑에 묻었다. 이곳에 조상을 묻은 것은 늘 조상과 함께 지내기 위해서였다. 그렇다 보니 신랑이 신부를 집에 데리고 갈 때 공경하는 조상을 밟을 수 없었기에 신부를 안고 들어가게 된 것이다. 요즘도 혼례를 치르고 나면 신랑이 신부를 안아주는 경우가 종종 있는데, 뱀만 박사는 이런 풍속의 유래가 게르만족에게서 비롯된 것이라고 강조했다.

또 다른 신부의 권리는 집 열쇠를 받는 것이다. 열쇠를 받는다는 것은 집안일을 주도적으로 하라는 의미이다. 당시 집안일은 여자들의 유일한 권리에 속했기 때문에 이 풍속은 살림의 주도권이 여자에게 있음을 확실히 알려주는 것이라고 할 수 있다.

귀족 여자들과는 다르게 평민 여자들은 결혼 후에 머리 모양을 바꾸었다. 치렁치렁한 긴 머리를 틀어 올리고 모자를 쓰는 게 일반적이었다. 당시는 이런 머리 모양을 한 여자는 결혼한 여자로 간주했다. 여자는 집안일을 하기 때문에 머리를 틀어 올리는 것이 합리적이라는 생각에서 나온 풍속이었다. 누차 강조했듯이 중세의 결혼 생활은 성의 유희보다는 자식을 낳고 대를 잇는 게 급선무였다는 것을 기억하기 바란다.

다른 지방의 풍속을 보자. 리타운 지방의 연대기 사학자들의 1690년의 보고에 의하면, 당시 사람들은 이런저런 절차를 마친 후

'신부를 구타했다'고 한다. 왜 구타를 한 것일까? 신부가 신랑의 손을 잡고 신혼집에 처음 가면 사람들은 그 집에서 그들을 기다리고 있다가 신랑이 아닌 신부의 발을 씻겼다. 그리고 신부의 발 씻은 물을 집안 구석구석에 뿌렸다. 심지어 신혼 침대에까지 뿌렸는데 중세인들은 신부가 처녀일 경우 이 물에서 신비한 힘이 나온다고 믿었다.

다음은 수건으로 신부의 눈을 가리고 마구간으로 데려갔다가, 마구간 앞에서 신부의 발을 문지른 뒤 다시 신혼 방으로 데려왔다. 그러면 신혼부부 방에서 기다리고 있던 사람들이 신부의 도착과 동시에 그녀를 때리기 시작했다Einschlagen/Pruegel. 진짜 때리는 것은 물론 아니었다. 신부가 앞으로 자손을 많이 낳게 해달라고 비는 일종의 축원이었다. '신부를 때리는 의식Einschlagen'을 사전적으로 살펴보면 '널빤지(판자)로 둘러치다'라는 뜻이 된다. 그렇다면 멍이 들도록 때린 것일까, 아니면 적당히 때린 것일까? 적당히 때리면 아이를 덜 낳게 되고, 멍이 들도록 때리면 아이를 더 많이 낳게 된다고 생각한 것일까? 중세 사람들의 생각이 궁금하다.

교회가 간섭하기 시작하다

메로빙거와 카롤링거 왕조 때부터 그리스도교는 유럽 전역으로 확대되어 갔다. 샤를마뉴가 교황으로부터 황제관을 받고 난 뒤 그리스도교를 전파하는 데 앞장선 것인데 독일 말로 '보답Gegenleistung'을 한 것이다. 특히 샤를마뉴는 민중들에게는 엄격한 그리스도교의 교리를 갖다 대면서 게르만족의 풍속을 버리고 교회를 따르라고 외친 사람이다.

본론에 들어가기 전 잠시 생각해 보자. 그리스도교의 고향은 중동 지방이다. 그리스도교가 도처에 전파되었다는 것은 성서에 기록된 중동 지방의 풍속이 유럽에 전파되었다는 의미로 해석할 수 있다. 즉 종교 현상학적으로는 중동 문화가 유럽에 이식되는 과정으로 볼 수 있다. 물론 종교학적인 해석이지 신학적인 해석은 완전히 다르다는 것을 전제한다. 이때부터 들어온 돌(그리스도교)이 박힌 돌(게르만족, 켈트족 등의 원주민) 빼낸다고, 게르만족의 풍속을 전부 미신으로 치부하게 된 것이다. 그리스도교가 처음 우리나라에 들어왔을 때도 이와 유사한 과정을 거쳤다는 것을 떠올리기 바란다.

게르만족의 결혼 풍속은 차츰 사라지기 시작했고, 교회에서 치르는 결혼이 가장 이상적인 형태로 사람들 사이에 자리 잡게 되었다. 지금까지 동네마다 지방마다 다양한 방식으로 치러지던 결혼식이 차츰 사제를 통해서 치러지는 단일 방식으로 바뀌게 된 것이다.

중세 사람들은 마귀에 대한 막연한 불안감을 가지고 있었다. 교회는 이 틈새를 겨냥했다. "걱정 말라! 마귀로부터 벗어나는 유일한 약을 교회가 가지고 있다. 사제의 기도나 축복을 받고 결혼을 하면 마귀를 물리칠 수 있다. 오던 마귀도 도망간다!" 결혼 전후에 마귀의 장난 때문에 행복이 파괴될까봐 걱정하던 사람들이 교회의 제안을 덥석 받아들였음은 물론이다.

중세 사람들이 마귀의 장난을 얼마나 두려워했는지 그 사례는 곳곳에서 나타난다. 특히 프랑켄 지방은 마귀에 대한 공포가 다른 지방보다 더 큰 곳이었다. 이곳에서는 신랑신부가 문을 꽁꽁 걸어 잠그고 결혼식을 올렸다. 이렇게 하면 적어도 마귀가 들여다보지 못할 것이고, 결혼식을 밤에 올리면 마귀는 결혼 당사자가 누구인지 알아낼 수 없을 것이라고 생각한 것이다. 현대인들이 볼 때는 어처구니없는 일이지만 중세 사람들에게는 심각한 걱정거리였다. 신랑신부는 마귀 때문에 성적 장애가 온다고 믿기도 했다. 첫날밤에도 마귀가 달라붙을지도 모른다는 강박관념에 사로잡혀서 마귀 때문에 성 불능이 될까봐 두려워할 정도였다.

교회에서는 사람들이 마귀의 해를 당하지 않도록 사제가 축성과 기도를 해주었고, 더 나아가 신혼 침대에서 기도를 올려주었다. 신자들이 첫날밤을 탈 없이 보낼 수 있도록 방법도 제시해 주었다.

이렇다 보니 교회의 간섭이 개인 생활에까지 스며들 수밖에 없었다. "생리가 있을 때 성애를 해서는 안 되며, 미신을 믿는 여자와 성애를 하면 좋지 않은 일이 생긴다. 그러므로 절대 하지 말라!"라는 금지조항이 만들어지기도 했다. 또 너무 잦은 성애를 하면 일찍 늙고 빨리 죽을 뿐만 아니라 뇌가 쇠약해진다고 경고했다. 유명한 신학자이자 주교였던 알베르트 마그누스가 한 말이다.

성교를 지나치게 많이 하면 뇌가 점점 더 얇아지고 눈도 어두워진다는 것이다. 그는 다음과 같은 이야기를 전했다.

"어떤 수도자가 정욕을 참지 못하고 한 아름다운 여자를 찾았다. 그는 이 여자와 66번Sechsundsechzigmal 성애를 즐겼는데 다음날 병이 들어 갑자기 죽었다. 부검을 해보니 그의 뇌가 닳고 눈이 몹시 상해 있었다. 또한 성교를 자주 하는 이들에게는 개들이 줄줄 따라다니는데 그것은 그들에게 더러운 냄새가 나기 때문이다." 신학자 우타 랑케-하이네만U. Ranke-Heinemann 교수가 그의 저서에서 밝힌 내용이다.

교회에서는 성애를 해서는 안 되는 날을 정해 주었다. 크리스마스 20~40일 전, 부활절 전 40일간, 성신강림절 2주 전과 그 1주일 후, 금요일부터 토요일, 일요일은 금지했고, 축제일 전후, 심지어 교회에서 영성체를 받아먹기 3일 전부터는 성애를 하지 말라고 했다. 결혼식 당일 밤과 그 이후 3일간 성관계를 하지 말라고 지시한 적도 있었다. 이런 교회법을 계산해 본 게오르그 덴젤러Georg Danzeler는 당시 부부가 교회의 지시대로 했다면 1년에 3분의 2는 성애를 하지 못하고 살았을 것이라고 말했다. 이것을 지키지 못할 때는 상응하는 벌을 받으라는 책자도 등장했다. 주일에 성교하는 사람은 3일간 빵과 물만 마시는 속죄를 해야 했고, 부활절 전 40일 동안 성애를 하면 1년간 속죄하거나 26솔리드(Solid, 당시의 화폐)를 자선비로 내놓아야 했다.

다음은 이런 교회법을 어기고 엄청난 죄 값을 치른 경우이다. 사학자 그레고리(Gregor der Groβe, 540~604)가 전하는 내용이다. 한 시어머니가 갓 결혼한 며느리를 세바스티안 교회에서 열리는 축성식에 초대했다. 전날 밤 남편과 성애를 즐긴 며느리는 당시의 교리에 따라 이 일이 양심에 가책이 되었지만 할 수 없이 교회로 갔다. 그런데 교회에서 그녀가 성인의 유물을 높이 들어 올린 순간 갑자기 그녀가 이상한 행동을 하기 시작했다. 정말 마귀가 있었는지, 아니면 양심의 가책을 느껴서 그랬는지는 모르겠지만 어쨌든 그녀는 소리를 지르기 시작했다. 사람들이 그녀에게 들어온 귀신을 몰아내고자 시도했지만 쫓아내지 못했다. 성인 주교인 포르투나토(Fortunatus von Todi, +537)가 그녀에게 자백을 강요하자 그제야 그녀는 눈물을 흘리면서 전날 밤 남편과 성애를 즐겼노라고 고백했다.

어떤 지역에서는 한 여자가 눈멀고 등이 굽은 아이를 낳았다. 성인 그레고리오(Gregory von Tours, +594)는 당장 "일요일에 성애를 했기 때문에 이런 아이가 태어났다"고 해석했다. 다시 말하면 교회에서 금한 날에 성애를 즐기면 곱사등이, 나병 아니면 간질병의 아이가 태어난다는 주장이다. 주교인 티트마르(Thietmar von Magdeburg, 975~1018)도 마찬가지 해석을 남겼다. 한 여자가 어린이 축제날 남편의 강요에 의해 억지로 성애를 나누었는데 그 결과 굽은 발가락을 가진 아이를 낳았다는 것이다.

중세 사람들은 결혼을 통해 자손을 낳는 것이 삶의 목표인데 이런 금지조항을 여기면 어마어마한 죄를 받는다고 단단히 못을 박은 것이다. 다른 신학자들도 이런 규정을 어기고 성애를 하면 반드시 벌을 받는다고 주장했다. 더 세부적으로는 생리중인 여자와 성애를 나누면 나병, 맹인, 외눈, 사시 등의 장애를 가진 아이를 낳는다고 경고했다.

중세 사람들과 후세 사람들에게 지대한 영향을 미친 성인 이시도로(Isidore von Sevilla, +636)는 여자의 생리혈에 대해서 언급했다. "여자의 생리혈과 접촉하면 과일나무가 열리지 않고, 꽃은 시들고, 풀은 말라 비틀어져 죽는다. 또 철은 녹슬고, 금속은 검은색으로 변하고 개들이 미쳐버린다." 이 모든 언급의 출처는 우타 랑케-하이네만 교수의 저서이다. 교회가 신학자까지 동원하여 이런 규정을 퍼뜨렸는데 어느 남자가 생리중인 여자와 관계를 하겠는가?

그런데 생리혈보다 더 무서운 피는 아이를 낳은 산모의 피였다. 아이를 낳은 뒤 30일 내지 40일 후에 산모는 반드시 사제들에게 깨끗Rein하다는 검증을 받아야 했다. 그래야 그녀는 교회에 들어갈 수 있었다. 만약 산모가 아이를 낳은 뒤 이 기간 중에 죽는다면 일반적으로 묻히는 소위 축성된 무덤에 들어갈 수 없었다. 깨끗하다는 검증을 받지 못했으므로, 이런 피에는 마귀가 쉽게 달라붙는다고 생각한 것이다. 심지어 시대가 한참 흐른 후에도 이런 생각은 바뀌지 않았다. 1484년 교황 인노첸시오 8세(Innocentius VIII, 재위 1484~1492)는 칙서에서 "성적 불감증은 마귀의 장난"이라고 선언했고, 이 칙서의 반포로 마녀 사냥은 더욱 번져 나갔다.

당시의 교회 규정을 이성적인 현대인으로서 그냥 지나칠 수 없다. 이들이 뱉어낸 말들이 너무 비이성적이기 때문이다. 당시 교황의 한마디는 중세 사람들의 생활을 송두리째 바꿀 정도로 권위가 있었다. 교황의 발표는 바로 하늘의 말씀으로 간주되던 시대였다. 그러나 아무리 말과 말을 가지고 종교 싸움을 한다고 해도 변하지 않는 진리는, 신은 이런저런 인간의 말에 휘둘리지 않는다는 사실이다. 신은 변함없는 본성Eigenschaft을 묵묵히 지키고 있을 뿐이다. 이런 사실을 현대인들의 사고에 접목시켜 보아도 마찬가지이다. 우리도 어쩌면 한치 앞만 내다보고 살며 그 때문에 어떤 설이나 이론에 맹목적으로 휘둘리고 있는 것은 아닐까. 우리가 죽자 살자 진리라고 믿고 있는 것들이 후손들이 봤을 때는 황당하고 우스운 것이 될지도 모른다. 지금 우리는 빙산의 일각만 보지만, 후대인들은 빙산의 뿌리까지 보고 판단할 것이니 말이다.

중세에는 이런 내용들이 설교의 형태로 전파되었다. 이런 설교를 주일마다 듣는 신자들은 여간 조심하지 않았을 것이다. 그들은 비밀을 가질 수도 없었다. 샤를마뉴의 딸도 고백했듯이 모든 그리스도교 신자들은 '고백성사' 시간에 사제들이 던진 질문에 사실 그대로 말해야 했기 때문이다.

『작센슈피겔』 법전에 기록된 벌금형

독일에서 가장 오래된 법전의 이름은 『작센슈피겔Sachsenspiegel』

이다. 이 책은 재판관 아이케 폰 레프고프(Eike vom Repgow, 1180~1223)가 팔켄슈타인의 공작의 권고에 의해 쓴 것이다. 법전이라고 하면 딱딱한 조문을 먼저 연상하기 쉽지만 이 법전은 딱딱한 법률 조항만 나열하지 않고 일상인들의 삶을 그림으로 덧붙여서 알기 쉽게 만든 것이 특징이다. 이 책에는 당시의 풍속이 대거 등장한다.

그림 중 한 예를 보자. 우르바노Urban 성인 축일에 사람들이 과일과 와인을 십일조로 바치고, 성녀 마르가리타 축일에는 곡식을 십일조로 올리고 있는 모습을 볼 수 있다. 8월 15일 성모승천 대축일에는 거위를 십일조로, 성 바르톨로메오 축일에는 돈놀이로 벌었던 이자뿐만 아니라 계란, 곡식까지도 십일조로 바치는 모습도 그려져 있다.

이 법전은 당시의 생활상을 광범위하게 다루고 있기 때문에 여기서 전부 나열할 수는 없다. 다만 법관 아이케가 겪었던 실제 사건을 몇 개 나열해 보겠는데, 이는 아이케가 살던 동시대의 직접적인 사건은 아니다. 비교 관점에서 다루었던 '더 몇 세기 전'의 법 조항일 뿐이다.

아이케의 언급에서 주목할 것은 남자들이 어쩌다 여자들의 몸을 한 번 만진 죄로 납부했던 당시의 벌금이다. 독일의 민속학자 뒤러는 아이케보다 더 상세하게 중세 사람들의 옷 벗는 풍속을 소개하고 있다(먼저 당시의 화폐 단위인 실링을 기억하자. 7세기의 실링의 가치에 대한 언급은 없으니 한 세기가 흐른 뒤인 8세기의 실링 가치로 가늠해 보자. 당시 건

『작센슈피겔』에 실린 그림. 우르바노 성인 축일 날 사람들이 과일과 와인을 십일조로 바치고, 성녀 마르가리타 축일에는 곡식을 십일조로 올리고 있다. 8월 15일 성모승천 대축일에는 거위를 십일조로, 성 바르톨로메오 축일에는 돈놀이로 벌었던 이자뿐만 아니라 계란, 곡식까지도 십일조로 바쳤음을 알 수 있다.

강한 소 한 마리의 값이 1실링이었다. 12실링이면 말 한 마리 가격에 해당된다).

뒤러가 언급한 7세기 민중법에 실린 사례를 보면, 당시의 처녀나 과부가 친척들의 동의 없이 남자와 결혼할 경우 20실링을 벌금으로 물어야만 했다. 어쩌다 여자의 젖가슴을 만졌을 경우는 6실링을 지불해야 했다(당시 소 6마리의 값이다). 여자의 옷을 무릎 위로 올리면 12실링을 내야 했다. 처녀나 과부의 허벅지, 엉덩이를 만질 경우 얼마의 돈을 내야 했을까? 액수는 나와 있지 않지만 이 남자는 여자의 명예를 더럽힌 파렴치범이자, 자신의 가문에 먹칠을 한 사람으로 영원히 매장되었다고 한다. 아마도 재앙 수준의 벌금을 지불했을 것이다.

9세기 들어, 한 남자가 여자의 가슴을 더듬었다면 5실링을 내야 했다. 그래도 전 세기보다는 1실링이 싸졌으니 다행이라고 할 것인가? 그렇지만 어떤 여자를 건드렸느냐에 따라 가격이 달라졌다. 염치없는 어떤 남자가 수녀의 가슴이나 처녀의 가슴을 만졌을 경우는 소 10마리 값인 10실링을 물어야 했다. 결혼한 여자를 만졌을 경우는 30실링을 지불해야 했다. 거금 60실링을 무는 경우는 처녀를 겁탈하려고 했을 때였다. 한 여자를 강간할 경우는 어떻게 되었을까? 돈이 문제가 아니라 그는 당장 사형장으로 직행했다. 그것도 그냥 죽지 않고 목이 달아나는 형을 언도받았다.

비교를 해보자. 당시에 한 남자가 상대의 코나 귀를 잘랐을 때는 15실링의 벌금을 지불했다고 뒤러는 보고했다. 인간의 몸 한 귀퉁이가 잘려나간 이런 엄청난 사건이 여자를 한번 집적거리고 무는 벌금에 비하면 약한 편이라는 것을 알 수 있다. 남녀 사이에 칼날 같은 선이 엄하게 그어졌다는 사실은 인정하지만 오늘날의 잣대로는 믿기지 않을 정도로 높은 벌금임에 틀림없다.

7세기의 아일랜드 법을 살펴본다. 돈의 단위는 좀 다를지라도 대충 쿠말레를 달러로, 운첸을 센트로 가늠해 보자. 남자가 여자의 손이나 허리띠에 손을 얹으면 10운첸의 벌금형을 받았다. 강간했을 경우 7쿠말레 5운첸을 지불했다.

남자의 손이 여자의 옷 아래로 들어갔을 경우, 강간보다는 2운첸이 적은 7쿠말레 3운첸을 냈고, 여자의 옷을 찢었을 경우는 1쿠말레 7운첸을 냈다. 실링처럼 돈 가치에 대한 비교를 할 수 없다 보니 쿠말레의 가치를 가늠하긴 힘들지만, 어쨌든 아일랜드에까지 이런 법이 있던 것으로 봐서는 매우 엄격하게 남녀를 구별했던 것을 알 수 있다.

12세기, 여자와 키스를 하는 행위는 어떻게 했을까? 물론 방탕한 짓으로 간주했다. 한 남자가 부인 아닌 여자와 키스를 했을 경우는 "여자가 원해서 했다"는 전제조건이 있다 하더라도 3마르크의 벌금형을 내렸다. 강제 키스를 했을 때는 "누구든지 이 남자를 죽일 수 있다"라는 기록이 남아 있다고 뒤러는 밝혔다.

몇 세기가 더 흐른 후인 14세기 한 제후가 정한 지방법을 살펴본다. 566장으로 구성된 이 법전에도 다양한 내용들이 언급되어 있다. 한 남자가 여자의 옷 위를 더듬거린 죄로 3실링의 벌금형을 받았다. 남자의 손이 여자의 옷 속으로 들어가 피부에 직접 닿으면 9실링을 내야 했다. 중세에는 이처럼 술 마시고 허튼짓을 했다가는 순식간에 전 재산을 날릴 수 있었다. 법은 이렇다손 치더라도 당사자들끼리의 타협이라는 것이 있었는지 궁금하다.

중세에는 '옷 벗기는 풍속'이 있었다. 전쟁에 참여한 중세 사람들은 죽은 시신에서 옷을 벗기는 일이 비일비재했다. 죽은 자에게 또 한 번 모멸감을 주기 위해서였는데 가장 선호한 것은 죽은 자의 속옷이었다. 전쟁터에서 죽은 군인들이 벌거벗은 모습으로 누워 있는 그림을 우리는 지금도 더러 볼 수 있다. 1418년 전쟁을 치른 후 파리에 알몸의 시체들이 뒹굴었다는 기록은 이런 풍속과 연관이 있다.

1792년 파리에서 많은 여자들이 참여했던 '9월의 살인' 폭동 때에도 많은 여자들이 목숨을 잃었다. 이 여자들도 죽은 뒤 누군가 그녀들의 옷을 벗겼다. 그렇지만 나체로 누워 있는 여자들의 흉한 모습 때문에 옷을 다시 입혔다는 기록이 전해진다.

1431년 프랑스의 잔 다르크는 화형을 당하기 전에 피어오르는 연기에 먼저 질식돼 버렸다. 그녀의 몸이 타들어 가고 있었는데 그리 세찬 불길이 아니었는지 누군가가 그녀의 몸을 잽싸게 불에서 끄집어냈다. 그녀가 정말 여자였는지 확인하기 위해서였다. 옷을 벗기자마자 그녀의 성이 불시에 드러났다고 후대의 기록은 전한다.

유대인의 전통과 벌거벗은 몸

　중세의 유대인들은 수백 년 동안 예수를 죽인 민족으로 낙인 찍혀 유럽인들에게 큰 수난을 당하고 살았다. 1096년 독일 보름스에서 있었던 일이다. 십자군들이 거칠게 유대인의 집으로 쳐들어갔다. 이들은 눈에 보이는 유대인을 모조리 때려눕히고 남자 여자 할 것 없이 강제로 옷을 벗겼다. 살았든 죽었든 개의치 않았다. 그러곤 유대인들을 창밖으로 던져 버렸다. 길거리에는 죽은 이, 산 이들이 함께 포개진 상태로 뒹굴었다. 이때 살아남은 사람들이 제일 먼저 한 일은 죽은 동족에게 다시 옷을 입혀서 묻어주는 것이었다. 억울하게 죽어간 이들의 존엄성을 조금이라도 지켜주고 싶었던 것이다. 1349년 스트라스부르크에서도 유사한 유대인 학대 행위가 일어났다. 유대인들을 불에 집어넣기 전 사람들이 이들의 옷부터 벗기기 시작한 것이다. 이런 상황에서도 '미인' 유대인과 어린이들에게는 본인이 원하든 원하지 않든 강제로 그리스도교 세례를 주고 이들이 개종했다는 이유를 들먹이며 살려주기도 했다.

　유대인들의 종교적인 전통에서는 벌거벗는 행위가 일종의 터부였다. 인간은 누구나 부끄러운 부분을 가리는 습성이 있지만 유대인들은 이것이 다른 종족보다 유난히 강했다. 그 근원은 성서에서 찾을 수 있다. 아담과 이브가 파라다이스에서 쫓겨났을 때 신이

가죽옷을 입혀 주었다는 데에서 기원한다. 이런 전통 때문에 유대인들은 절대로 벌거벗은 몸을 외부에 보이려고 하지 않는다. 유대인들은 여자의 젖가슴을 심장보다도 더 '이성적인' 곳으로 간주하고 젖먹이 아이조차도 엄마의 음부는 볼 수 없다고 규정하고 있다. 남편이 부인의 음부를 보는 것은 다른 전통에서는 일반적으로 금지 사항까지는 아닌데, 유대인들에게는 있을 수 없는 일로 간주된다. 만약 눈 먼 아이가 태어났을 경우, 유대인들은 남편이 여자의 음부를 보았기 때문에 죄를 받은 것이라고 생각했다.

뒤러의 다른 연구도 보자. 1697년 4명의 청소년들이 붙잡혔는데 죄목은 강간이었다. 몇 세기 전까지만 해도 벌금을 물렸으나 1697년에는 형벌이 달랐다. 먼저 그들은 자택 감금을 당했다. 이런 벌은 시간이 경과하면 언젠가는 해제가 되지만 이들에게는 또 하나의 추가 형이 내려졌다. 이들이 성년이 되었을 때 칼 차는 것을 금지 당한 것이다. 당시의 성년 남자들에게는 칼을 차는 것이 최고의 명예이자 남성의 상징이었다. 이런 형벌을 당했다는 것은 곧 사회에서 매장된다는 뜻으로 해석할 수 있다.

중세에는 강간 사건이 자주 일어났는데 그것은 여자들이 속옷을 입지 않았기 때문이라고 뒤러는 말했다. 과연 그러했을까? 상당히 이해하기 힘들지만 속옷을 입지 않은 중세 사람들이 있었다는 사실은 그림으로 입증할 수 있다.

1600년대 네덜란드 화가 할스Hals의 그림을 보면, 남녀가 어울려 즐기는 모습이 건강하고 자연스러워 보인다. 남녀 간의 터부가

속옷을 입지 않은 중세의 문화를 이 여성들을 통해 엿볼 수 있다.
『베리 공작의 호화로운 기도서. 2월』. 랭부르 형제 그림.

프란스 할스의 그림에서 보듯이 중세 후기로 갈수록 지난 세기에 그렇게 엄했던 세상과는 대조적으로 젊은이들의 행동이 자유분방해지고 있음을 알 수 있다.

중세 후기부터는 서서히 완화된 것으로 보인다. 더 나아가 남녀가 만나거나 이야기를 나눌 때 여자 몸의 한 부분을 슬쩍 건드려도 아무런 문제가 없었다고 뒤러는 보고했다. 심지어 은근슬쩍 여자의 젖가슴을 건드려도 별다른 죄 값을 치르지 않았다고 한다. 7~9세기경에 이런 짓을 했다면 재산을 탕진하는 지름길이었는데 시대가 많이 변한 것이다. 중세 후기의 문화를 보면 그럴 만도 하다.

중세 후기에는 도시에서 여자들을 고용하여 매춘을 하는 공창 제도가 존재하였고, 목욕탕의 탕 속에서는 남녀가 벌거벗고 앉아서 파티를 즐겼다. 매독이 번지는 바람에 이런 문화가 사라지긴 했지만 이런 분위기 덕에 남녀 사이의 어울림이 중세 초기보다 좀 더 자연스러워진 것은 사실이다. 사실 남녀 간의 에티켓이라는 것도 엄밀히 보면 당대의 문화와 풍속이 당시대인에게 지운 하나의 족쇄라고 볼 수 있다. 이런 문화와 풍속의 족쇄는 시대에 따라 달라지는 것이며 영원히 지속되는 것은 없다. 오늘날 우리가 사는 각 문화 안에도 이런 족쇄들이 여전히 있을 것이고 이런 시대적인 족쇄 또한 언젠가는 변할 것이다.

그렇지만 중세 문화는 앞뒤가 맞지 않는 곳이 많다. 남자들에게 이런 법을 적용한 반면 한쪽에서는 다른 방법 제공을 했으니 말이다. 유명한 신학자 토마스 아퀴나스가 매춘부촌(필자의 저서 『중세의 뒷골목 풍경』 참조)의 정당성을 제공해 주었을 뿐 아니라, 공창을 만든 관청에서는 축제가 있을 때마다 귀하신 분을 그곳에 모시기 위해 혈안이 되었기 때문이다. 그 공창에 누가 왔다 간 사실이 알려지면 돈 벌이가 잘 되었던 것이다.

여기서 빠질 수 없는 언급은 부자와 귀족들이 결혼 피로연에 공창에서 일하는 여자들을 초대했다는 사실이다. 적어도 3명 이상의 여자를 초대한 뒤 사람들과 함께 즐기며 춤추게 했다고 한다. 이 여자들이 춤을 추면 결혼한 부부가 잘살게 되며 아이 또한 잘 낳을 수 있다는 속설이 전해졌기 때문이다. 그러다 보니 시에서 만든 공창 '여성의 집'에서 일하는 여자들을 결혼식에 초대하는 풍속이 유행처럼 번지기도 했다.

이처럼 중세에는 다양한 성 문화가 공존했다. 교회법으로 사람들의 성애를 다스리고 부부의 잠자리까지 간섭했으며, 성애를 금지하는 날까지 만들었지만, 한쪽에서는 신학자들의 해석에 힘입어 관청에서 직접 공창을 만들어서 시의 재정을 살찌우기도 했다. 중세에는 교회법으로는 성애를 규제했지만 뒷골목에서는 공적으로나 사적으로나 다양하게 성애를 즐겼다. 남녀간 접촉만 해도 엄하게 다스리는 법이 존재하는 한편에 '찾아가는 밤'이라는 남녀의 만남을 권장하는 풍속이 몇 세기 공존하던 다채로운 시기이기도 했다.

힐데가르트 수녀의 수태지침서

앞에서 다양한 약초 처방을 제시한 힐데가르트 빙엔 수녀는

900년 전에 살았던 수녀로, 성에 대한 다양한 지침서를 남겼다. 귀족 집안의 열 번째 자식으로 태어난 그녀는 어릴 때부터 종교 영성에 관심이 많았다. 당시 귀족의 자녀들이 그러했던 것처럼, 그녀 역시 여덟 살에 수도원으로 보내져서 수도원장 유타의 도움으로 성장했고 1136년에 유타가 죽자 후임 수도원장이 되었다.

그녀의 작품 중에 빙글빙글 도는 우주 기운이 인간과 함께 흘러가는 느낌을 주는 그림이 있다. 어찌 보면 만다라 형상 같기도 한 그림이다. 그녀는 가톨릭 종교에서 출발하지만 종교의 울타리를 훌쩍 넘어선 사람이었다. 수녀로서 특출한 재능을 지녔던 그녀에게 붙은 명칭도 한두 개가 아니다. 독일 중세 신비주의가, 제3의 학의 창시자, 약사, 의사, 저술가뿐만 아니라, 예술가, 시인, 작곡가, 점성학자까지 그녀는 다양한 영역을 넘나든 사람이었다. 신과의 합일은 물론 자연과 우주에 대한 총체적인 안목이 대단했던 그녀는 자연의학과 자연치료 분야에서 특히 진귀한 자료를 남겼다. 280개의 식물과 나무를 분류했는가 하면 자연 속에서 나는 풀과 나무로 인간의 병을 치료하는 방법을 제시해서, 그녀의 조언을 얻으려는 병자들로 당시 수도원은 항상 북적였다고 한다.

인간은 태어날 때부터 신에게 건강을 부여받았다고 믿은 그녀는 병이 생기는 것은 인간이 신과 우주와의 합일점에서 이탈했기 때문이라고 주장했다. 즉 균형이 깨져 조화로운 삶을 살지 못했을 때 병이 생긴다는 것이다. 따라서 병을 치료하려면, 신과 우주의 품속에서 깨진 균형을 다시 찾아야 한다고 주장했다. 사실 그

힐데가르트 수녀의 그림 〈천사들〉. 힐데가르트는 세상을 신의 예술품으로 여겼다. 인간은 몸과 영혼이 어우러진 소우주이며, 이 소우주가 다시 대 우주에 비친다고 주장했다. 당시 그녀의 이런 사상은 동양의 사상과 통하는 부분이 많다.

녀의 주장은 우리 동양인들에게는 그리 낯선 이론은 아니다. 하지만 거의 1000년 전 한 수녀에 의해 이런 이론이 정립되었다는 사실은 놀랍기만 하다. 인간이 신의 말씀에 귀 기울이거나, 자연이나 음악을 통해서 균형과 조화를 찾으면 병을 치료할 수 있다고 전제한 힐데가르트 수녀는 병자를 위한 명상음악도 작곡했는데, 그녀의 명상음악들은 오늘날에도 명상 테라피나 음악 테라피로 쓰일 정도로 잘 알려져 있다.

그녀는 3권의 신학서를 저술한 학술가이며, 많은 계시와 환시를 체험하고 기록으로 남긴 신비주의가이다. 그녀 나이 마흔두 살 (1141년) 때 하늘이 열리면서 빛이 나타났다. 이 빛이 그녀의 정수리를 통과해 심장 쪽으로 간 순간 그녀는 가슴이 갑자기 불에 타는 듯이 느껴졌다. 그녀는 계시와 환시에 관해 쓰고 말하는 것이 그녀 개인의 생각이 결코 아니며 신비한 신의 체험 속에서 나온 것임을 거듭 강조했다. 하지만 당시 환경은 이런 계시를 함부로 발설할 수 없는 시대였다. 자칫하면 이단으로 몰릴 수 있었기 때문이다. 다행히 1147년 트리어 종교회의에서 교황 에우제니오 3세(B. Eugenius III, 재위 1145~1153)는 그녀의 계시를 세상에 공표해도 좋다고 허락해 주었다. 그 이후 그녀의 계시와 환시 기록은 점점 더 높은 평가를 했다. 그러자 귀족, 수도자, 심지어 교황까지도 그녀 주위에 모여들었다. 당시에 그녀는 4명의 교황(에우제니오 3세, 아나스타시오 4세Anastasius IV, 하드리아노 4세Hadrianus IV, 알렉산데르 3세 Alexander III)과 편지를 교환했고, 왕 프리드리히 바르바로사, 유명한 신학자 베른하르트와 편지를 교환하기도 했다. 그녀는 스스로 체험한 환시의 내용을 기록하여 마인츠의 주교에게 넘겨주었는데, 이 편지는 다시 교황 에우제니오 3세에게 보내졌고, 이들 사이에 오고 간 편지 300통이 지금도 남아 있다.

그녀는 자연스럽게 왕이나 교황에게도 자기 의사를 피력했고 나중에는 정치적인 영향력도 상당한 지경에 이르렀다. 물론 그녀가 직접 정치에 나선 것은 아니었다. 단지 조언자로서 정치의 방향을 잡거나 도와주었을 뿐이다. 또 그녀는 정의파로 잘 알려져 있다. 당시는 성직 매매가 공공연하게 이루어지고 있을 때였다. 브레멘 대주교의 여동생 리하르디스 수녀가 성직 매매에 관여했다는 것을 알게 된 그녀는 리하르디스 수녀와 친구 사이였지만 심하게 그녀를 책망하고 단호하게 그녀와 결별을 선언하였다. 또한 나이가 들어서까지도 사람이 많이 모이는 시장에 가서 시민과 수도자 모두 회개해야 한다고 설교할 정도로 종교적 열정이 넘쳤다.

그녀의 명성이 자자해지자 귀족의 딸들이 힐데가르트 빙엔의 수도원에 들어오려고 줄을 섰다. 당시 귀족 여자들은 수도원에 들어올 때 많은 재산을 지참하였기 때문에 힐데가르트 수도원은 금세 부유해졌다. 수도원의 살림이 풍족해질수록 수녀들의 영성은 고갈되고 생활도 사치스럽게 변모될 수밖에 없다.

하루는 텡그비히 수도원장이 힐데가르트 수도원을 방문했다. 수녀들이 호화로운 옷을 걸치고 나와서 음악과 춤, 연극을 선보이자, 텡그비히 수도원장은 이런 수녀들을 매우 나무랐다. 하지만 힐데가르트의 생각은 달랐다. 경건한 종교생활을 하는 수녀들일지라도 노래와 춤을 통해서 더러는 기쁨을 느끼면서 살아야 한다고 생각한 것이다. 어쨌든 그녀의 수도원이 지나친 부를 누린 것은 비판받을 일임이 분명하다. 부를 누리면 누릴수록 영성은 비례해서 줄어들 가능성이 크기 때문이다.

그녀는 "부부간의 성애는 하느님이 준 사랑에서 출발한다"고 믿었다. 그녀는 부부간의 여러 성애 방법 중에서도 수태법을 제시했다. 부부가 사랑이 충만한 상태에서 성애를 나눈 후 아이를 낳으면 남아를 낳을 확률이 높다는 것이다. 이 남아는 매우 현명하고 덕스럽고 똑똑한 성격의 소유자로 성장한다고 주장했다. 부부간에 사랑이 무르익을 때는 신이 개입하는 순간이기 때문에 가장 강력하고 힘센 남자의 정자로 부인에게 수태를 시키기 때문이라는 설명이다. 정자가 힘이 센 이유는 하느님이 심어준 진실한 사랑을 품고 성애를 나누었기 때문이라고 주장했다.

위의 경우와는 반대의 상황에서 성애 후 남아가 태어났다면, 이 남아는 약한 성격의 소유자인데다가 덕스럽지도 못하다고 주장했다. 그 이유 또한 재미있다. 남자의 부인에 대한 사랑이 강하므로 정자의 기운이 세지만 부인의 사랑이 시들한 상태에서 결합이 되었기 때문이라는 것이다. 여기서는 생략하지만 아주 지혜로운 여아나 덕스럽지 못한 여아가 생기는 경로 또한 이런 유사한 방법으로 상세하게 기술하였다.

그녀는 또 달의 모양과 부부간의 성애에 얽힌 이야기도 기술했다. 만월 때는 인간의 몸도 피가 가득해지는 시기라는 것이다. 이때는 남자의 정자가 강하지만, 반대로 달이 기울 때는 몸의 피가 줄어들고 정자가 약해지는 시기이니, 이때 임신을 하면 성의 구별 없이 연약하고 열등한 딸이나 아들을 두게 된다는 것이다. 그녀는 수녀였지만 부적 처방까지 제시했다. 왼쪽 손목에 보석으로 만든 부적을 차면 산모가 위험 없이 아이를 낳을 수 있다고 주장했다. 당시는 애를 낳다가 많은 산모가 죽어간 시대였다. 그것을 고려해 힐데가르트가 이런 방편까지 산모에게 제공한 듯하다.

  수녀가 교회의 믿음과는 상반되는 부적에 대해서, 부부간의 성애에 대해서 발언했을 때, 당시의 사람들도 매우 놀랐을 것이다. 그녀가 혹시 환시체험 속에서 떠들어대는 말이 아닌지 의심할 정도로 당시에는 대단한 반향을 불러일으켰을 것이다. 하지만 그녀는 이런 세속인들의 의심에는 아랑곳하지 않았다. 부부간의 성애 문제는 신의 선물이라는 생각에서 출발했기 때문이다. 힐데가르트 수녀의 이런 수태 이론이 오늘날에도 수용될 수 있는지의 여부는 전문가의 영역에 맡긴다. 다만 한 수녀가 이런 부부간의 수태에 관한 글까지 남겼다는 것이 놀라울 뿐이다(힐데가르트 성녀에 관한 영화도 나왔다. 당시는 남녀 수도원이 더러 앞집 뒷집으로 함께 살았다. 이 영화에서 힐데가르트 수도원도 마찬가지였다. 그리고 이들의 인사법도 특이했다. 남녀 수도자들이 만나면 볼맞춤이 아니라 서로 입맞춤을 했다. 오늘날로 치면 터부 중의 터부이다. 그것도 남녀 수도자끼리!)

여자들이 재혼하기 위해서는

여자들의 재혼도 시대마다 다른 양상이 나타난다. 초기의 프랑켄법을 따르면 재혼이 그리 간단한 문제는 아니었다. 중세의 초기와 중기는 아직 게르만법이 지배하던 시대여서 한 과부가 다시 재혼을 꿈꾼다면 먼저 그녀는 죽은 남편의 친척들에게 허락을 구해야 했다.

그러다 문트 결혼이 유행하면서 젊은 여자들이 과부가 된 뒤 다시 결혼하는 사례가 늘기 시작했다. 하지만 과부가 된 여자들도 자기 인생을 스스로 정할 수는 없었다. 남편이 죽으면 그 보호권이 다시 아버지나 남자 형제에게로 넘어갔기 때문이다. 아버지와 남자 형제들은 자신의 딸이나 여자 형제를 즉각 결혼시장에 내놓아서 이득을 챙기려 했다. 특히 남편이 권력과 돈을 많이 남기고 죽은 젊은 과부는 결혼시장에서 큰 인기를 끌었다.

서프랑크의 황제 카를 2세(Kaisers Karl II, 823~877)의 딸 유디트의 경우이다. 856년 7월 유디트는 열세 살 때 쉰이 넘은 잉글랜드 왕 애설울프Aethelwulf와 결혼을 했다. 2년 뒤인 858년 애설울프가 죽자 유디트는 15세의 과부가 되었다. 그러자 아버지는 그녀를 의붓아들 에텔발트Ethelbald와 결혼시켰는데, 860년 유디트는 다시 과부가 되었다. 아버지가 사윗감을 찾는 동안, 유디트는 그 사이 발두인이라는 기사와 사랑에 빠졌다. 862년 그녀는 다른 지방으로 도망을 가서 결혼하려고 했다. 분노에 찬 아버지 카를은 발두인을 법정에 서게 했다. 발두인은 여자를 훔친 죄로 벌을 받았고, 발두인과 유디트는 그 지방에서 영원히 추방당했다. 하지만 그들은 사랑을 결코 포기하지 않았다. 그들은 교황에게 구원을 청했고 결국 결혼이 인정되어 행복한 결말을 얻었다. '열다섯 살짜리 과부'는 오늘날로 치면 있을 수 없는 일이지만 당시에는 그리 생소한 단어가 아니었다.

예외 없는 일은 세상에 없다. 과부가 된 여자들은 다시 아버지나 형제들에게 돌아갔지만 자기 의지대로 뚫고 나간 여자도 일부 있었다. 신성로마제국의 오토대제(Otto I, 912~973)의 여동생 게르베르가(Gerberga of Saxony, 913~984)의 경우이다. 그녀가 25세에 과부가 되자 오토는 바이에른 지방의 귀족 베르트홀트Berthold를 그녀의 남편감으로 골랐다. 하지만 그녀는 단박에 거절한 뒤 집안의 강력한 반대에도 불구하고 일곱 살 연하인 서프랑크의 왕 루이 4세(단순왕 샤를, 920~954)를 다음 남편으로 선택했다.

한때 트리엔트 종교회의(1545~1563)의 결과, 이혼하고 난 뒤 사별하는 경우는 괜찮지만 결혼한 첫 남자가 아직 살아 있을 경우에는 여자의 재혼을 금지한 적이 있다. 또한 과부가 죽은 남편의 아이를 가졌을 경우는 아이를 낳은 뒤 다시 결혼할 수 있었지만 이때는 남자의 재산을 상속받을 수 없었기 때문에 쉽게 재혼에 나서는 사람이 없었다. 돈이 걸린 문제였으니 아마도 잘 지켰을 것이다.

그런데 문제가 생기기 시작했다. 결혼을 더 이상 하지 않으려는 여자들이 속출한 것이다. 결혼을 하여 다시 남자의 손아귀에 들어가는 것을 피하려는 여자들이 늘기 시작했다. 귀족 아레기스Aregis가 한 말을 보자.

남편이 죽은 뒤 다시 재혼하지 않고 사는 것이 과부들에게는 하나의 유행처럼 번지고 있다. 이런 과부들은 남편의 죽음을 오히려 기뻐한다. 더 이상 남편의 폭력에 시달리지 않아도 되고 자유도 주어지니 이중으로 기쁘다는 것이다. 집에는 형식상 남편의 죽음을 슬퍼하는 검은옷을 걸어 놓았지만 그녀들의 열정은 바깥으로 나가 불타오르고 있다. 목으로는 술이 넘어가고, 잘 차려입고 잘 먹으면서 즐기고 있구나.

11세기에 들어서면서 과부들의 재혼에 대한 이야기가 나온다. 독일 풍속을 언급한 J. M.브라운이 한 이야기이다. 시대는 1017년, 오랫동안 재혼하지 않고 독신으로 지냈던 과부가 다시 결혼할 경우 주거지를 떠나야 하던 시절이었다. 재혼을 금지하기 위해 만든 제도였다. 그래도 반드시 재혼을 하겠다면 많은 벌금을 지불하거나 박음질이 없는 자루를 만들어 제출하라는 칙명이 발표되었다. 이 칙서를 발표한 왕은 특별한 사람이 아니면 어느 누구도 재혼을 위해서 크나큰 금액을 조달할 수 없을 것이라고 생각했다. 또한 박음질 없는 자루를 만들 사람도 없을 것이라고 확신했다. 그러나 사랑은 모든 제약을 뛰어넘는다는 것을 그는 간과했다.
돈이 있는 과부들은 거금을 물고라도 재혼을 강행했고, 돈이 없는 과부들은 박음질 없는 자루를 만들었다. 통상 자루를 만들려면 천과 천을 접어서 바느질을 해야 하므로, 이음새가 생기는 것은 너무나 당연하다. 하지만 '박음질 없는 자루'를 만들 묘안이 등장했다. 다름 아닌 손뜨개로 자루를 만드는 것이다. 실 하나로 줄줄 이으면서 손으로 짜면 박음질이 생길 리 없다. 인간은 성과 사랑에 대한 집념이 대단하고, 하고자 하면 무엇이든 할 수 있는 존재라는 것을 그는 몰랐던 것이다.

시대마다 다른 중세의 풍속

지금까지 우리는 지난 1000년간 중세 유럽인들의 다양한 형태의 삶과 풍속들을 살펴보았다. 중세 초기의 역사를 알고 나면 이 1000년의 문화사 역시 쉽게 이해할 수 있을 것이다. 중세 사람들도 처음부터 교회의 규제에 갇힌 것은 아니었다. '점차적으로' 교회의 규제에 따랐음을 여기서 확인할 수 있다. 그런데 왜 '점차적'이었을까?

유럽에는 여러 종족들이 살고 있다. 먼저 켈트족은 인도게르만족으로 빙하시대에 유럽으로 흘러들어 왔다. 가장 중요한 그룹에 속했던 켈트족들은 부족 단위로 살았다. 이들의 자취는 뷔뎀베르크주(하이델베르크 부근)와 라인 강 유역에 남아 있다. 다음은 '게르만법'에 자주 등장하는 여러 종족의 게르만족이다. 이들은 작센

Sachen, 랑고바르덴Langobarden, 스베벤Sweben 그리고 프리젠Friesen 등이다. 유사한 언어와 문화를 지녔던 이들은 기원전 2000년부터 북유럽과 중유럽에 흩어져 살다가 기원전 300년부터 북부 독일과 중부 독일로 들어왔고, 기원전 100년부터 점점 더 서쪽과 남쪽으로 내려와 도나우 강과 라인 강에 살고 있던 켈트족을 밀어냈다.

유럽에서는 400~600년에 민족의 대이동이 있었는데 자그마치 200년의 세월이 걸렸다. 게르만족이 동쪽에서 남쪽과 서쪽으로 서서히 이동하면서 유럽 문화의 기본 바탕이 게르만 문화로 바뀌기 시작했다. 물론 기원전 6세기부터 기원후 400~500년까지는 로마의 전성기였다. 게르만족은 로마인들에게 많은 영향을 받았지만 이들과의 분쟁 또한 끊이지 않았다. 당시 로마는 정치적인 내분에 빠져 점점 더 쇠락해가는 중이었다. 395년에 로마는 동로마와 서로마로 분리되었고, 게르만족은 이들의 땅을 서서히 정복하면서 유럽의 주권을 잡기 시작했다. 이 과정에서 게르만족은 어떤 땅은 로마인들의 허락하에, 어떤 곳은 로마인들을 몰아내면서 세력을 넓히고 토착세력과 융합되어 갔다. 앞에서 이야기했던 게르만족의 기이한 풍속은 이때의 이야기이다.

이들은 물론 후에 그리스도교로 전향하였다. 그리스도교의 전파에 기여한 왕조가 메로빙거와 카롤링거 왕조라고 앞에서 밝혔는데, 이런 맥락 속에서 중세 초기사가 진행되다 보니, 여러 풍속들이 뒤엉킬 수밖에 없던 것이다.

즉 옛 풍속과 그리스도교의 풍속이 서로 얽히고설키는 가운데,

그리스도교 내부에는 민간신앙이 자리잡게 되었고, 켈트족과 게르만족의 전통 안에는 그리스도교의 전통이 공존하게 된 것이다. 비유적으로 말하면 고려가 망하고 조선이 들어섰다고 다음날부터 모든 것이 조선의 풍속이라고 말할 수 없으며, '조선 풍속'이라는 말 안에는 고려의 풍속은 물론 심지어 신라의 풍속이 남아 있는 것처럼 중세 문화 역시 그렇다고 이해하면 될 것이다.

그리스도교가 전파되면서 그 이후의 사정도 짐작해 보자. 나무 밑둥을 '점차적으로' 교회가 관리하고 간섭하고 했다고 치자. 그렇지만 커 가는 나무에는 반드시 가지들이 자라기 마련이다. 이처럼 그리스도교가 전파되었다 해도 가지와 잎들은 새로 돋아나기 때문에 그리스도교라는 나무둥치에 게르만과 켈트의 다양한 풍속들이 주렁주렁 달린 것이다. 이런 다양성이 바로 앞에 소개한 기이한 풍속들이다. 독일 학자들이 초기-중기-후기 중세라는 연대를 밝히지 않은 것이 많기 때문에 1000년의 세월 동안 중세 문화의 다양함을 느낄 수 있다.

중세 후기로 갈수록 유럽은 더욱더 그리스도교 문화권이 되었으며 교회가 신의 이름하에 인간의 몸짓, 행동 하나하나까지 컨트롤했지만 오히려 인간의 성은 전보다 느슨해지고 다양성을 뿜어내기 시작했다는 것을 알 수 있다. 사실 중세 이야기는 이런 다양성 때문에 현대인들에게 이야깃거리를 제공하기도 하고 해석이나 공감할 수 없는 부분에서 분노를 자아내게 만드는 것일지도 모른다.

우리 모두는 은하계의 귀퉁이인 지구에 같은 시기에 '우연히' 한 생명으로 태어났다. 태어나는 곳도 본인이 정할 수가 없다. 염라대왕이나 하느님께 제발 "제가 어느 곳 어느 시대에 태어나게 해 주십시오"라고 부탁하지 못할 바에는 각자가 태어난 곳에서 주어지는 풍속, 제도, 종교 등을 수용하고 수긍하고 사는 수밖에 없다. 중세 사람들도 마찬가지였으리라. 이들도 당시의 환경을 수용하면서 살다가 다양한 문화의 자취를 남겼다는 것을 이 책을 통해서 다시 한 번 확인하게 된다.

5장

중세의 유행과 종교적 삶

중세의 뒷골목 인생들은 일생에 두 번 배불리 얻어먹는 기회가 있었다. 한 번은 부자들의 결혼식, 다른 한 번은 장례식이었다. 알브레히트의 장례식 때는 3일 동안 1500명의 거지를 대접했고, 이들에게 스물세 차례에 걸쳐 음식을 제공했다는 기록이 남아 있다. 귀족들이 이처럼 호화로운 장례식을 치른 것은 산 자들의 기도를 통해 죽은 영혼이 빨리 천국에 다다를 수 있다고 믿었기 때문이다. 얻어먹는 사람들 역시 죽은 영혼을 위해 기도하는 것을 빠뜨리지 않았다.

단추의 발명과 '떼었다 붙였다 하는 팔소매'

영화나 그림에서 본 그리스와 로마인들의 복장을 기억해 보자. 이들은 옷이라기보다는 '몸에 천을 둘렀다'라는 표현이 더 잘 어울릴 정도로 천을 활용한 옷을 입는 게 고작이었다. 다른 색의 옷을 매치할 때도 두 가지 천을 질끈 묶거나 감은 천 위에 가죽 허리띠를 두른 모양새가 전부였다. 왜 이들은 간편한 단추를 사용하지 않았을까? 이유는 간단하다. 당시는 단추라는 것이 발명되지 않았기 때문이다. 사학자 키아라Chiara Grugoni는 단추가 발명되면서 옷 모양이 다양하게 변화하기 시작했다고 주장한다.

단추는 처음 구리, 황동, 유리 등의 단순한 재료로 만들었고 간혹 장식용이나 묵주 만드는 데 사용하는 산호로 만들기도 하다가 13세기부터 단추 사용이 점점 더 늘어나면서 비싼 금으로 만든 단추나 도금 단추가 유행하기 시작했다. 이런 단추들은 값비싼 재료이다 보니 비싼 값에 팔렸고 당연히 귀족들의 애장품이 되었다.

고급 단추의 사용이 확대되면서 몇 가지 경향이 드러나기 시작했다. 우선 여인들의 옷이 점점 더 몸매를 드러내는 형태로 변화하기 시작한 것이다. 귀족 여인들의 사치를 조장하는 데 단추가 한몫을 한 것이다. 우리가 여기서 주목해야 할 것은 단추로 인해서 옷에 팔소매가 생겼다는 사실이다. 그럼 이전에는 소매 있는 옷이 없었단 말인가? 그렇다. 소매가 있는 옷은 당시로서는 매우 획기적인 발명품이었고 단추가 사용되면서 등장한 옷의 형태였다.

중세 초기 팔소매는 지금처럼 옷에 붙어 있는 것이 아니라 옷 몸통에 단추로 떼었다 붙였다 하는 형태였다. 그래서 '떼었다 붙였다 하는 팔소매'라고 칭했다. 소매 있는 옷을 만들게 된 것은 실용적인 이유 때문이었다. 팔 부분은 몸통보다 빨리 더러워지기 때문에 매번 세탁을 하기가 어려웠고 특히 안감이 많이 든 옷은 세제를 더 많이 사용해야 하기 때문에 지출의 부담이 만만치 않았다. 나중에는 잉크를 사용하면서 팔 부분을 보호하기 위해 팔에만 토시를 덧입힌 옷도 등장했는데 이런 옷을 '반팔소매'라고 칭했다. 오늘날에는 너무나 당연시하는 팔소매 있는 옷은 이런 과정을 거쳐 탄생했다.

중세 시대에는 비 오면 우산을 챙기듯이, 아니면 외출할 때 옷에 맞는 스카프를 고르듯이 외출할 때 어울리는 팔소매를 찾아서 단추로 다는 게 유행했다. 심지어 집에서는 간편한 팔소매를 붙이고 있다가 외출할 때는 멋지고 근사한 것으로 바꿔 붙이기도 했다. 이렇게 생겨난 팔소매는 점점 실용성을 떠나 귀족들의 사치품으로 자리 잡았다. 특히 '떼었다 붙였다 하는 팔소매'는 귀족이나 왕족들 사이에서는 장신구로 자주 이용되었다. 여인들은 자기 옷의 팔소매를 떼어내어 기사들에게 승리를 기원하며 던져주기도 했다. 이것을 받아든 기사는 이 팔소매를 부적처럼 깃발에 꽂고 말을 탔다. 중세의 시인이자 기사 크레티앵 드 트루아(Chretien de

위는 중세 귀족 여인들의 사치스러운 옷.
아래 그림을 통해 서양 의복의 변천사를 알 수 있다.

Troyes, 1130~1185)가 중세 기사들의 무술시합을 글로 남기며 "노랑, 파랑 초록 등의 알록달록한 깃대와 머릿수건, 팔소매가 창에 꽂혀 있다"라고 쓰기도 했다.

그런데 점점 '떼었다 붙였다 하는 팔소매'의 불편한 점이 드러나기 시작했다. 마치 벗어둔 장갑 한쪽을 쉽게 잃어버리듯 '떼었다 붙였다 하는 팔소매'를 잃어버리는 경우가 늘어난 것이다. 이런 불편함 때문에 생겨난 격언이 오늘날까지 유럽에 남아 있다. "이것은 다른 쪽 팔 소매구나!"라는 말이다. 이런 말을 통해서도 '떼었다 붙였다 하는 팔소매'가 어느 정도 유행했는지 짐작할 수 있다.

그림뿐만 아니라 기록에서도 찾아볼 수 있다. 1485년 뉘른베르크에 살았던 빈터라는 여인은 수십 가지의 사치스러운 옷을 유산으로 남겼는데, 이중에 '떼었다 붙였다 하는 팔소매' 옷이 들어 있었다. 당시 여인들이 팔소매를 따로 만들어 떼었다 붙였다 했던 유행이 상당했다는 것을 여기서 알 수 있다.

시칠리아의 왕 페데리코 2세(Federico II, 1194~1250)의 딸인 비올란테Violante von sizilien의 이야기이다. 그녀가 '떼었다 붙였다 하는 팔소매' 옷을 입고 있는 동안 그녀의 팔소매가 없어진 사건이 발생했다. 그녀가 연극 구경에 푹 빠져 있는 동안 노련한 도둑이 값진 장신구가 붙어 있는 그녀의 팔소매 옷을 떼어가 버린 것이다. 옷에 붙어 있지만 뗄 수 있는 팔소매 옷의 의미는 시에나의 가타리나 성녀(Katharina von Siena, 1347~1380)의 자비로운 행동에서도 엿보인다. 그녀가 초라하고 허름한 옷을 걸친 한 순례자에게 팔이 없는 옷을 벗어주었는데 나중에 보니 그리스도가 초라한 거지 형상으로 그녀 앞에 나타났다는 일화이다.

13세기에 들어서면서 상업의 발달로 천의 종류도 다양해지고 고급화되면서 여인들의 몸매를 드러내고 단추로 고정시키는 좁은 팔소매 옷이 점점 늘어나기 시작하더니 15세기에 이르러서는 더욱더 크게 유행했다. 몇백 년 전 중세 유럽에서 유행한 '떼었다 붙였다 하는 팔소매'를 오늘날 다시 재현하면 어떨까? 여인들에게는 스카프 이상의 효과를 낼 것 같다. 그리고 비오는 날 우산을 챙기듯 날씨에 따라 연출하면 될 것 같다.

사치스러운 옷을 금지하다

"옷이 날개다" "옷이 사람을 만든다"라는 속담이 있다. 옷이 그만큼 인간을 고급스럽게 포장한다는 뜻이다. 중세 유럽에서도 마찬가지였다. 옷이 신분을 상징하는 도구로서 절정에 다다른 시기는 12세기이다. 가난한 농부들은 현란한 색이나 비싼 옷을 입을 수 없었고 비단옷을 가질 수조차 없었다. 반면에 귀족들은 평상복 외에도 무도회용의 화려한 옷을 앞다투어 만들어 입었고 실크로 옷을 지어 입는 등 사치가 극에 달했다.

유행이 지나치면 역시나 관청이 개입할 수밖에 없다. 중세에도 호화스러운 옷을 몇 개 이상은 지니지 말라는 법이 등장하게 되었다.

1258년 스페인 왕 알폰소 10세(Alfonso X, 1221~1284)는 "귀족들이여, 내가 허락하노라! 너희들만 화려하고 값비싼 것을 입어라! 다른 층들은 이런 비싼 옷을 가질 수는 있되 네 벌 이상은 소유하지 말라!"라고 공표했다. 프랑스 왕 필리프 3세(Philippe III, 1245~1285)도 이와 유사한 규정을 내렸다. 어느 누구도 1년에 네 벌 이상의 모피를 소유해서는 안 된다고 했다. 그렇지만 높은 귀족들은 다섯 벌의 모피를 가져도 처벌받지 않았다. 이런 정도의 옷을 지니려면 재산이 1000푼트Fund 이상이면 되었다. 1000푼트를 천 억이라고 가정해 보자. 천 억 정도 있으면 다섯 벌의 모피를 가져도 된다는 뜻은, 천석꾼일 때만 이런 옷을 가지라는 소리이다.

낮은 층인 농부들은 늘 규정된 옷을 입어야 했다. 1150년경의 규정을 보면, 농부들은 사치스럽고 비싼 옷을 입을 수 없었다. 또한 농부들은 검은색이나 회색만을 입어야 했고, 축제일에는 좋은 '울' 정도는 입을 수 있었다. 관청에서는 결혼식, 세례식, 장례식, 축제 때마다 옷에 대한 규정을 마련해서 하달했다. 물론 일반 옷에 대한 규정도 정해져 있었고 지키지 않으면 즉각 벌금을 부과했다. 한 가지 의문이 간다. 아무리 인구가 적은 시대였지만 집집마다 누가 무슨 옷을 가지고 있는지 어떻게 알 수 있었을까? 그렇지만 여러 사학자들이 근거 있는 자료를 가지고 이런 옷 규정을 상세하게 언급했으니 일단 수긍할 수밖에 없다. 옷만 그러했겠는가?

위의 그림은 1450년경 귀족 여인들이 사냥터에서 활로 사슴을 잡는 모습을 그린 것인데 당시의 복식을 알 수 있다.
아래 그림에서 앞머리를 뽑아서 이마를 넓힌 당시 유행을 엿볼 수 있다.

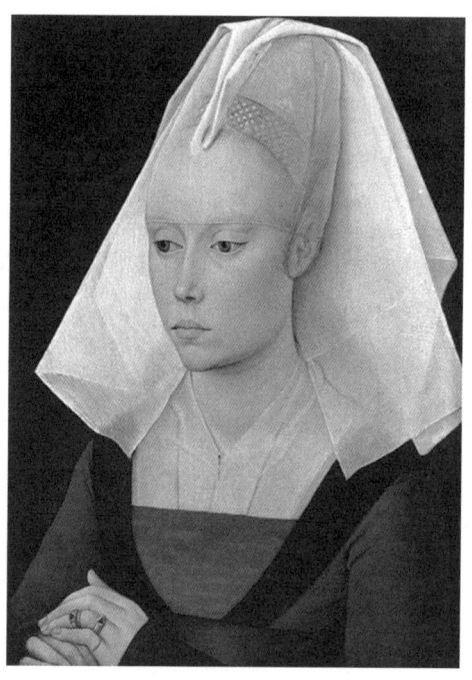

장신구와 패물도 마찬가지로 제한했다. 하지만 사람들은 규정은 아랑곳하지 않고 너도 나도 값비싼 장식물을 소유하려고 하였다. 그러자 교회에서는 사치를 개탄하는 설교가 등장했다.

1478년, 설교가인 요한 가일러Johann Geiler von Kaysersberg는 "여인들의 사치가 극에 달했다. 이런 사치가 옷으로 나타나는 것도 보기 싫은데 장신구는 말할 것도 없고 이상한 머리띠까지 두르고 다니니 더욱 보기 싫다. 뒤에서 보면 이것이 마치 성녀들의 아우라처럼 보이기도 한다(성인성녀들의 그림을 보면 머리에 항상 동그랗게 떠 있는 빛을 '아우라'라고 한다)"라고 개탄했다.

독일 민족이 부끄럽다는 설교를 한 사람도 있었다. 나쁜 풍속에 대해 늘 비판적이었던 베르트홀트Berthold von Regensburg였다. 당시 여인들이 지나치게 치렁치렁한 옷을 걸치고 다니자 그는 "여인들이 치렁치렁한 옷을 끌고 다니다 보니, 걸을 때도 그냥 걷지 못하고, 손가락으로 옷을 한 움큼 잡고 걷는다. 기교란 기교는 다 부리면서 걷는 모양이 꼴사납다"라고 개탄했다. 설교에도 나올 정도면 당시 귀족 여인들의 사치가 어느 정도 심했는지 짐작할 수 있다.

옷에 대한 규정은 몇 세기를 내려오면서 여러 차례 발표되었다. 시대마다 각 도시에서 정한 금지법은 다양한 기록으로 남아 있다. 1354년경의 독일 괴팅겐에서는 값비싼 옷과 장신구를 걸치고 다니는 사람에게 세금을 물렸다. 옷과 장신구 값이 비싸면 비쌀수록 세금도 무거웠다. 보석 박힌 장신구는 허락했지만 은으로 만든 허리띠나 모피 안감을 넣은 코트를 소유하고 있는 사람에게는 세금을 물렸다. 세월이 흘러 1461~1468년에 다시 한 번 규제가 있었다. 이때 규정을 어긴 사람은 세금을 내는 것이 아니라 도시의 성벽 쌓는 일에 동원되었다.

구체적인 예로 한 여인이, 혹은 그 집의 딸이 관에서 금지한 호화로운 옷을 입고 다녔다면 누가 이 성벽 쌓는 일에 동원되었을까? 아내일 경우는 남편이, 딸일 경우는 아버지가 동원되었다. 동원된 사람은 석회로 시의 담벼락을 쌓아야만 했다. 좋은 옷은 부인과 딸이 입고 부역에는 남편이나 아버지가 동원된 것이다. 사실 관청은 이런 방법으로 꿩 먹고 알 먹는 이득을 얻을 수 있었다. 사람을 고용해서 담벼락을 쌓으면 시의 재정이 축날 텐데 범법자를 데려다 부려먹으면 공짜로 할 수 있었으니 말이다.

비슷한 규제가 1357년 스위스 취리히에서도 있었다. 여인들이 금, 은, 값비싼 보석으로 치장한 옷을 걸치고 다니자 관청에서는 규제를 시작했다. 뒤에 언급할 뾰족부리 신발도 마찬가지였다. 만약 이런 규정을 어기면 10실링페니히를 벌금으로 물어야만 했다. 당시 귀족들의 사치가 얼마나 심했으면 이런 방지책까지 나온 것일까? 이와 유사한 상황일 때 1390년 콘스탄츠에서는 50굴덴을 물었다. 당시 1굴덴은 100파운드의 소고기 값이었다. 옷 한 번 잘못 입고 내는 벌금이 어마어마했다는 것을 알 수 있다. 울름에서는 20굴덴을 벌금으로 물었다. 하지만 이런 벌금에도 아랑곳하지 않고 귀족들의 사치는 극에 달했다.

일반적으로 우리는 수도자의 복장을 생각할 때 주로 단순한 검은색 옷을 떠올린다. 하지만 중세에는 달랐다. 1227년 트리어의 종교회의에서, 1337년 쾰른의 종교회의에서 또 한 번, 수도자들의 옷 문제를 상정할 정도로 수도자들의 사치스러운 옷도 문제가 되었다. 이 회의에서는 수도자들과 수녀들이 세속의 옷이나 장신구가 달린 옷을 입고 다니는 것을 금지했다. 이 말을 뒤집어 보면 중세의 많은 수도자들이 여느 평신도 못지 않게 사치스러웠다는 뜻이 될 것이다. 오죽하면 종교회의에서까지 이런 문제를 논의했겠는가? 그것도 두 번이나 말이다.

중세 후기로 접어들면서 변화의 조짐이 일어났다. 이때 유럽은 신분계급이 해체되고 변화하는 과정에 있었는데 도시의 발달로 많은 돈을 벌어 부를 축적한 시민계급이 점차 귀족계급을 따라잡기 시작한 것이다. 시민의 옷을 규제한 법령에 불만을 품은 두 명의 시민이 건의한 내용이 기록으로 전해진다. 뿐만 아니라 1377~1397년의 뉘른베르크 문서에는 법규를 지키지 않은 죄로 벌금을 낸 시민의 사례가 기록으로 남아 있다. 이들은 도시에서 상업으로 부를 축적한 명망 있는 가문의 사람이었다. 예를 들면 핀치히Pfinzig, 글로란트Grolant, 울만Ulman, 스트로머Stromer, 할러Haller, 베하임Beheim 가문인데, 호화로운 옷을 입어 높은 벌금을 물었다고 기록되어 있다.

나중에는 돈 있는 농부도 귀족의 유행을 흉내 냈다. 1524년에는 농부들이 높은 층이 입는 붉은 빛의 길고 헐렁한 윗옷을 자기들도 입을 수 있게 해달라며 소동을 일으켰다. 요하네스 쉐르의 글을 인용한 막스 바우어의 언급을 보자. "15세기에 이르자 호화로운 복장이 귀족들만의 전유물이 될 수 없었다. 평민들까지도 그런 옷을 따라 입었고, 너도나도 값비싼 옷을 입으려고 하였다. 오스트리아의 한 궁정기사는 남아도는 옷을 프랑크푸르트에 공급해서 매우 비싼 값으로 팔아 이익을 남겼다."

1470년, 낮은 층들이 남긴 유산 목록에 옷에 대한 기록이 남아 있다. 마르가레테 비르게라는 처녀는 죽은 어머니로부터 최고급 액세서리를 유산으로 받았다. 쉐르의 이런 언급은 낮은 층들도 귀족들에게 질세라 사치를 부렸다는 것을 강조하기 위한 것으로 보인다.

옷 정도에서 그쳤으면 좋으련만 나중에는 관청에서 허리띠, 보석까지 간섭하는 등 규제가 한도 끝도 없이 이어졌다. 일단 지나치게 무거운 허리띠는 사용할 수 없었다. 무거운 목걸이, 지나치게 비싼 머릿수건, 비단으로 만든 재킷, 지나치게 넓은 팔소매를 사용하거나 코트 속에 비단 안감을 넣은 경우도 벌금을 물어야 했다. 아예 벌거벗고 다니면 어땠을까? 그리스도교 교리 안에서 살았으니 그것은 불가능했을 것이다. 일단 어기면 벌금을 물었지만, 문제는 벌금을 물면서까지 사람들이 사치를 즐겼다는 사실이다. 어느 시대에나 사치에 대한 사람들의 욕망은 끝이 없는 것 같다.

그렇다면 관청에서는 왜 옷 입는 것까지 간섭했을까? 몇 가지 이유가 있었다. 먼저 지나치게 호화로운 치장으로 인해 발생할지 모르는 경제파탄을 막아보자는 의도였다. 다른 이유는 윤리와 관습, 그리고 신분질서를 유지하기 위해서였다. 그러나 중세를 지배한 문화의 족쇄가 무겁기는 했지만 영원히 지속되지는 못했다. 이미 시대는 변해 인간 의식을 계몽하자는 사상이 도처에 번지고 있었기 때문이다. 옛 제도로 막았지만 자유의 봇물은 자꾸 터져 나갔고 1789년 프랑스 혁명을 기점으로 옷에 대한 규정은 거의 자취를 감추었다.

깨끗한 손과 손톱은 최고의 미의 기준

중세의 귀족들은 늘 새로운 유행을 찾아다녔다. 당시 노란 후춧가루는 상당히 비싼 가격의 고급품에 속했다. 귀한 손님이 오면 내놓던 향신료였는데 이것을 머리 염색에 사용하는 귀족들이 늘기 시작했다. 당시 노랑은 유대인과 매춘부들의 색으로 간주되었기에 세간의 평이 그리 좋은 것은 아니었는데도 이들은 새로운 것에 대한 호기심을 물리칠 수 없었던 모양이다.

다른 머리염색약으로는 원숭이 굳기름Affenschmalz이 있었고, 유황Schweifel이나 송진Harz을 사용하기도 했다. 또 머리 안에 심을 넣어서 머리를 불룩하게 부풀렸는가 하면 계란 흰자로 머리를 뻣뻣하게 만들기도 했다. 자연요법도 있었다. 머리카락을 햇빛에 탈색하는 방법이었다. 중세인들이 오늘날 못지않게 유행을 쫓았다는 것을 알 수 있다. 지금은 공장에서 나온 제품을 사서 쓰지만 당시는 이런 재료를 집에서 만들어 사용했다는 것이 다를 뿐이다.

오늘날은 날씬한 몸매와 반듯한 이목구비에, 옷을 잘 입으면 멋쟁이로 인정받는 시대이다. 중세 사람들의 미의 기준은 무엇이었을까? 그리고 사랑 놀이에서 중요한 요건은 무엇이었을까? 오늘날처럼 몸매와 얼굴이 아니고, 당시의 미의 조건은 무엇보다도 깨끗한 손과 손톱이었다. 손에 자신이 없는 이들은 장갑을 껴서 손을 감추었다. 더불어 중요한 미의 기준 중의 하나가 아름다운 이빨이었다. 이빨이 아름답지 못하면 어떻게 했을까? 웃을 때 입을 다물고 웃으면 되었다.

미의 다음 기준은 목과 발의 아름다움이었다. 장딴지가 뚱뚱한 사람은 스타킹으로 가렸는데, 스타킹으로 가려도 장딴지는 그대로 보이지 않았을까 의문스럽다. 여인들의 젖가슴은 어땠을까? 오늘날은 가슴이 커야 미인으로 취급받지만 당시는 큰 젖가슴이 아니라 흰 젖가슴을 가진 경우를 미인으로 취급했다. 큰 가슴은 오히려 환영받지 못하는 시대였다. 큰 가슴을 지닌 여인은 늘 천으로 가슴을 눌러 묶고 다녔는데, 숨 쉬는 것조차 힘들어 하는 사람들이 많았다. 상대방과 대화할 때도 가슴을 지나치게 묶은 바람에 숨 쉬기가 어려워 일정한 거리를 두고 대화를 했다고 한다.

앞에서 잠시 언급했듯이 중세의 가난한 층들은 속옷을 입지 않았다. 중세에는 속옷을 입는 것이 이방인이나 야만인들이 지닌 풍속이라고 생각했기 때문이다.

지금까지 우리는 중세 사람들의 옷을 통해서 재미있게 얽힌 다양한 문화사의 일면을 훑어 보았다. 이들이 남겨놓은 이야기들이 이제는 중세 유럽 문화사의 한 장을 장식하고 있다. 세상은 고정되어 있지 않기 때문에 중세 유럽 1000년의 세월 동안 수없이 유행이 바뀌었을 것이다. 규제하는 법령이 만들어지고 벌금도 생겼지만 그 눈을 피해 사치를 즐긴 사람은 여전히 있었을 것이다. 혹시 인간의 마음 안에는 이런 사치를 조장하는 유전자가 박혀 있는 것이 아닐까. 시대가 달라도, 사는 곳이 동양이건 서양이건 상관없이 규제와 사치의 숨바꼭질은 어느 곳이나 어느 시대에나 존재했으니 말이다.

뾰족부리 신발과 남성들의 옷

1364년 독일 에어푸르트에 사는 한 사람이 벌금으로 49마르크를 물었다. 너무 짧은 옷, 긴 코트 그리고 앞이 뾰족한 신발을 신었기 때문이다. 독일의 화폐가 유로로 바뀌기 전 49마르크도 큰 가치가 있었는데 중세의 49마르크는 아마 상당한 금액에 속할 것이다. 먼저 위의 죄인(?)이 신었던 신발부터 살펴보자.

뾰족부리 신발은 1350년부터 대유행을 했다. 조금만 닿아도 피가 나올 것처럼 날카롭게 생긴 이 신발은 14세기에서 15세기로 넘어가면서 더욱 뾰족해졌다. 처음에는 귀족들의 전유물이었지만 14세기부터는 서민들도 신기 시작했는데, 서민들과 귀족들의 신발은 그 길이부터 달랐다. 귀족과 왕족의 신발은 뾰족한 앞코가 30cm까지 나와도 되었지만 나머지 층들은 15cm의 뾰족부리만 신을 수 있었다. 나중에 귀족들은 30cm도 짧다고 60cm까지 연장해서 신는 꼼수를 부렸다.

아무리 유행이라고는 하지만 신기에 편하지는 않았을 것이다. 그런데 이들은 신발에 여러 가지 장식까지 하고 다녔다. 작은 종을 신발에 달아 걸을 때 소리 나게 하거나 진주나 금으로 장식하기도 했다. 심지어 기사들까지도 이 신발을 즐겨 신었다. 말 위에서조차 쇠로 만든 뾰족부리 신발을 신었으니 얼마나 불편하고 무거웠을까? 하지만 이들은 기사답게 편안하게 신고 벗는 방법을 고안해 냈다. 말에 오를 때는 신발의 뾰족한 쇠부리를 떼어내고 말을 탄 뒤 다시 그것을 신발에 다는 방법이었다. 유행에 살고 유행에 죽는 모습은 오늘날의 현대인과 별 다를 바 없는 것 같다.

후기로 오면서 싫증이 난 것인지 유행이 한풀 꺾인 것인지는 모르겠으나 뾰족부리가 차츰 짧아지더니 16세기에 들어서면서 급격히 사라지기 시작했다. 다음 유행으로 소의 입이나 오리부리처럼 다소 뭉툭한 모양이 나타나서 16세기의 유행을 주도했다. 사학자 퀸넬은 뾰족부리가 사라짐과 동시에 중세 귀족들의 유행도 끝났다고 말했다. 지금도 당시의 이 신발 때문에 남아 있는 격언이 있다. "큰 발 위에 산다"는 말이다.

관청에서는 사람들이 뾰족부리 신발을 신는 것까지 간섭했는데, 퀸넬의 말에 따르면 뾰족부리 신발이 마귀의 코와 유사한 모양이

귀족 남자들 사이에 유행한 뾰족부리 신발이 각종 그림으로 남아 있다.

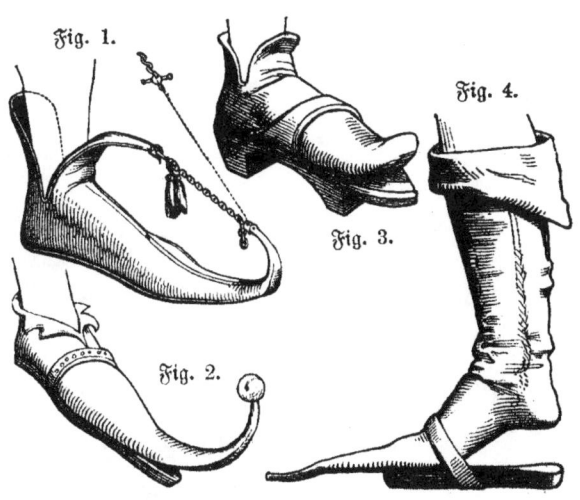

라서 교회에서 싫어했다는 것이다.

다음은 남성들의 옷을 보자. 스코틀랜드인들의 전통 의상을 보면 지금도 남자들이 더러 치마를 입는 것을 볼 수 있다. 중세에는 남자들이 치마를 입기도 했는데, 남자들의 치마가 점점 더 짧아지고 스타킹이 지나치게 노출되는 바람에 사회적 문젯거리가 되기도 했다. 성직자들은 특히 이런 옷매무새를 못마땅해 했다.

1367년의 마인츠의 기록에는 "젊은이들이 매우 짧은 윗옷을 입고 스타킹을 신은 채 허리를 구부리는 바람에 뒤가 다 보인다"며 이를 개탄하는 기록이 남아 있다. 일부 남자들은 이상한 형태의 유행을 즐기기도 했다. 이 옷에 대한 구체적인 설명은 접기로 한다. 단어를 나열하기에는 한국 정서에 맞지 않으니 그림으로만 보기로 하자. 단 하나 툭 튀어나온 부분을 독일말로 Schamkapsel이라 하는데 번역하면 '생식기 주머니'가 되겠다. 1390년 콘스탄츠에서는 남자들의 툭 튀어나온 생식기 주머니를 가려야 한다는 규정까지 나왔다.

신분에 따라 다른 옷 색깔

옷 색깔을 가지고 이래라 저래라 한다는 것을 지금은 상상할 수조차 없지만 중세에는 옷 모양뿐만 아니라 옷 색깔에 대한 규정이 상당히 많았다. 귀족들은 그들 마음대로 특정한 옷 색깔을 고른

카를 5세의 초상화. 자이제네거가 1530년에 그린 그림이다. 당시 남성들의 옷차림을 엿볼 수 있다.

뒤 일반인들이 '자기들의 색'을 입을 수 없도록 했다. 중세에는 옷 색깔로 신분이 그대로 드러났기 때문이다. 귀족의 옷은 자주, 청색(하늘색), 녹색, 그리고 흰색이었던 반면 갈색은 농민의 옷 색깔이었다. 갈색은 대청이라는 풀로 집에서 쉽게 염색할 수 있었기 때문에 값이 그다지 비싸지 않았다. 다만 갈색을 염색할 때 많은 양의 오줌을 사용했기 때문에 지린내가 진동한다는 것이 단점이었다. 이런 염색은 여자들이 집안에서 맡아 했다.

농민은 그래도 비교적 나은 편이었다. 더 악조건 속에서 살았던 이들도 있다. 가장 밑바닥 인생인 소위 '저급 직업군들'—거리의 악사, 유대인, 하인, 박피공, 이단자, 요술쟁이, 광대, 사형집행자들, 수공업자—에게는 더욱 가혹한 규제를 했다. 박피공은 이름 그대로 동물의 껍질을 벗기는 사람들이라서 늘 죽은 동물의 냄새를 달고 다녔다. 박피공은 죽은 동물의 전염병을 퍼뜨릴 소지가 있다는 이유로 성 바깥에 살아야만 했고 사형집행인도 마찬가지였다. 특정한 색의 옷을 입고 다녔던 이들은 일반인과 교류할 수 없었고, 식당에 들어가도 마음대로 앉을 수 없었으며 정해진 구석진 자리에 따로 앉아야만 했다. 사형집행인과 박피공은 서로 거의 유일한 이웃사촌이었고 혼인도 두 집안끼리 이루어지는 일이 많았다.

사형집행인의 부인은 공창 '여성의 집'의 감시자로 일하기도 했다. 이들도 매춘부, 하녀, 사제의 정부처럼 노란 머리 수건을 쓰고 다녔다. 중세 사람들은 노랑이 '유황 불'을 상징하는 마귀와 죄인의 색이라고 믿었다. 거리에서 이런 직업군들을 보았을 때 피하거나 그들이 가까이 다가오지 못하게 하는 일종의 '경고용 색'이기도 했다. 저급 직업인 중에서도 가장 최하층에 속하는 이들은 노란색으로 자기 신분을 표시해야만 했다.

당시는 이단자들을 처형할 때도 노란색 십자가에 사형을 시키는 시대였다. 유대인들 역시 이런 '저급 인생군'에 속했기 때문에 빛바랜 노랑에 속하는 담황색으로 유대인 표징을 늘 달고 다녔다. 유대인이 다는 표징은 노란색 동그라미였는데 '다른 믿음'을 가진 이들이라는 뜻이었다. 하지만 기원을 거슬러 올라가면, 유대교와 그리스도교는 같은 조상 아브라함에서 비롯된 사촌간의 종교라고 할 수 있다. 그런데도 중세에는 유대교를 이렇게 '다른 종교'로 간주했고 오늘날에도 유대교는 다른 종교로 생각하는 사람들이 많다. 나치 당시 유대인들을 학살할 때 그들에게 달게 했던 노란 표징을 상상하면 될 것이다.

유대인들의 노랑이 빛바랜 노랑이라면, 전혀 다른 뜻의 노랑도 있었다. 바로 금빛노랑이다. 이 색은 태양을 상징하며 높은 권력과 부를 의미했다. 왕족이나 귀족, 교회의 서열 높은 사람에게만 허락되는 색깔이었다. 그 다음으로 귀한 색깔이 자주색이었다. 여러 종류의 자줏빛으로 나눌 수 있지만, 여기서는 일반적인 자주색으로 규정하자. 화려, 호화, 존귀, 권세의 상징인 이 색은 페니키아인들이 가장 먼저 사용한 색이다. 자주색이 페니키아에서 그리스-로마로 전해지면서 신분 높은 사람들의 색깔로 인정받기 시작했는데 한동안 로마 시민들까지도 이 색을 선호해, 로마에서는 자주색 천으로 시신을 감는 게 유행했다. 평민들에게까지 자주색 사랑이 넘치자, 당시의 한 황제는 높은 계급의 사람만이 자주색을 이용할 수 있다고 엄명한 적도 있었다.

1049년 신성로마제국 황제 하인리히 3세에게 자주색 겉옷을 받은 교황 레오 9세(St. Leo IX, 재위 1049~1054)가 자주색을 추기경들에게도 입도록 허락하면서부터 교황의 사절단들도 점차 자주색 옷을 입기 시작했다. 반면에 신분 낮은 수도자들은 검은옷을 입었다. 수도자면 수도자지 그 삶에 높고 낮음이 어디 있다고 자주색과 검정으로 옷 색깔을 구분하였던 것일까? 그 때문인지 "추기경들이 자주색 옷을 입고 붉은 피를 흘리면서까지 교황에게 복종한다"라는 이야기가 우스갯소리처럼 돌기도 했다. 자주색은 전쟁 때도 이용되었다. 자주색을 입은 병사들의 숫자가 상대방에 비해 적어도 자주색 때문에 상대방을 제압하는 경우가 종종 있었다. 일종의 심리전술이었다.

이처럼 자주색은 중세 귀족들의 전유물이었다. 샤를마뉴의 여인이었던 루이트가르트도 값비싼 장신구와 함께 자주색 옷을 자주 걸쳤다고 한다. 1180년경 프랑스의 왕 필리프 2세와 영국 왕 앙리 2세가 반포한 규정은 좀 더 상세하다. 규정에 따르면 귀족들은 값비싼 천과 모피를 걸치고 십자군 전쟁에 나설 수 없었다. 또한 전쟁터에 나가면서 색깔 있는 옷, 특히 자줏빛 나는 주홍색은 절대 입어서는 안 되었다. 귀족과 왕 이외에는 어느 누구도 이러한 색깔의 옷을 입어서는 안 된다는 뜻이었지만, 전쟁터에 나가면서까지 귀족의 옷 색깔을 굳이 갖추어야 하느냐는 의미로도 해석할 수 있을 것이다.

자주색이 황제나 귀족 또는 교회 수장들의 소유물이 될 수밖에 없었던 또 하나의 이유가 있다. 바로 희소가치 때문이다. 당시에는 홍색 염료를 만들어 내기가 쉽지 않았다. 자주색은 조개에서 추출했는데 여러 종류의 조개 8천~1만개에서 추출하는 양이 겨우 1그램 정도였다. 다른 자료를 보면 1만 2000천개에서 겨우 1.5그램의 색을 빼낼 수 있었다고 하니 상당히 귀한 염료였을 것이다.

자주색을 염색하는 과정 또한 엄청난 시간과 공이 들었다. 보기에는 상당히 아름다운 자주색이지만 염색 과정에서는 썩은 고기 냄새가 진동했기 때문이다. 일주일 내내 조개들을 일부러 상하게 한 다음에 삶았으니 냄새가 유쾌하지는 않았을 것이다. 냄새 나는 염료에 오래 담가둔 천을 걷어 햇볕에 널어 말리는 과정을 통해 자주색을 얻을 수 있었는데, 고약한 냄새가 진동하다 보니 성 안에서 염색을 할 수 없었다. 재료 추출과 염색 과정이 이처럼 어려운 자주색 천 값이 비싼 것은 당연했다. 그러니 낮은 층인 가난한 농부들이 이 색을 조달할 수가 있었겠는가? 교황이나 왕족, 귀족의 전유물이 될 수밖에 없었던 데에는 이런 문화적인 배경이 깔려 있다.

자주색 염료가 비싸고 희소가치가 있자 엉터리로 염색한 옷감을 만들어 파는 사람도 등장했다. 그러나 겉으로는 자주색으로 보일지 몰라도 이런 천에서는 좋지 않은 냄새가 풍겼기 때문에 금세 들통이 났다. 그러다가 십자군 전쟁 이후 중동에서 질 좋은 자주색 염료가 들어 오면서부터 이런 사기도 그리 오래 가지 못했다.

후에 도시가 발달하면서 길드를 만든 염색업자들은 엄격한 공정을 거친 제품을 생산하기 시작했다. 집에서 염색한 제품은 반드시 품질검사를 하였고, 엄정한 심사를 거치지 않을 경우 벌금을 물렸다. 잘 알려진 중세의 염색 길드는 이탈리아 피렌체에서 시작되었는데, 이들은 물건을 철저하게 검증했고 단 한 장의 천일지라도 품질 규정에 미달되면 태워 버렸다. 그러니 명품 중의 명품이 탄생할 수밖에 없었다.

중세에는 녹색도 귀한 색이었다. 프랑스 루이 15세의 정부 퐁파두르의 초상화를 보면 그녀가 입은 옷이 녹색임을 알 수 있다. 녹색은 염색이 발달한 오늘날의 눈으로 보아도 황홀한 색감이다. 퐁파두르는 귀족이기에 이런 녹색 옷을 입을 수 있었던 것이다. 이처럼 퐁파두르가 녹색을 걸친 것을 문화적인 맥락 속에서도 관찰할 수 있다. 신분이 '높다, 낮다'라는 말은 지구라는 무대에서 '누가' 정한 것인지는 모르지만' 옷 색깔로 신분을 규정당하고 아무 색깔의 옷이나 입을 수 없었던 당시 평민층은 많은 울분을 삼켰을 것 같다.

더불어 색에 대한 우리의 고정관념을 한 번 생각해 보자. 우리가 별 생각 없이 지나치는 신호등을 보자. 빨강은 왜 멈출 때 사용할까? 파랑은 어째서 통과하는 색이 된 것일까? 그리고 노랑은 왜 대기 신호로 사용한 것일까? 운동선수들에게 경고할 때 갈색이나 검은 카드가 아니라 왜 노란 카드를 내보이는 것일까? 앞의 유대인들에게 노란색을 달게 한 것은 우연이었을까? 우리가 사용하고 있는 색에도 인류의 공통분모가 스며 있음을 다시금 느낀다.

중세의 도박 문화

중세 후기로 가면서 도박이 도처에서 행해져서 사회적 문제가 되었다. 가장 먼저 생긴 도박은 주사위 놀이와 체스(서양장기) 놀이였다. 6세기 인도와 오리엔트 지방에서 시작해 차츰 유럽으로 흘러 들어온 놀이인데, 비유하자면 우리의 화투 놀이와 유사하다고 볼 수 있다. 화투를 여가 선용으로 하면 문제가 없지만 도박으로 할 때 문제가 생기는 것처럼, 단순하게 놀이를 했으면 좋으련만 돈을 걸고 돈 따먹기에 서로 혈안이 된 과열 도박으로 치달았으니 문제가 된 것이다.

물론 초창기에는 관청에서도 도박과 놀이를 구분하였다. 주로 농부나 수공업자가 여가 선용으로 했을 때는 도박이 아닌 놀이로 간주했다. 1352년 티롤 지방의 영주 루트비히Ludwig von Brandenburg도 돈을 걸지 않고 심심풀이로 하는 주사위 놀이는 허락한다고 말했다. 이런 유사한 예들은 수두룩하다.

괴팅겐에서는 주사위 놀이를 하면서 1실링페니히 정도는 걸 수

〈클로버 에이스를 가지고 있는 사기꾼〉, 조르주 드 라투르 그림.
이 그림은 도박하는 여인을 그린 그림인데 당시의 복식도 엿볼 수 있다.
한 여인은 단추로 팔소매를 달았고, 다른 여인은 리본을 단 옷을 입고 있다.
아래는 도박하는 사람들을 그린 루카스 반 레이덴의 그림이다.

있도록 허락했다. 스트라스부르크에서도 카드 놀이를 할 때 2실링 정도는 놀이로 봐주었다. 즉 큰 재산 날리는 일이 없을 경우는 일종의 놀이로 봐주었다. 1356년 프랑크푸르트에서는 도박 금지령이 내렸지만 2실링 정도 걸고 노는 것은 허락했다. 그 1년 뒤 프랑크푸르트 관청에서는 새 제도를 도입했다. 관청에서는 정서적으로나 윤리적으로 건전하게 살아가는 이들에게 증서를 하나씩 교부하면서, 이들이 도박하다 걸리면 관용을 베풀어 주겠다고 했다. 그러자 사방팔방에서 다시 도박하는 사람들이 늘어났고, 관청은 할 수 없이 강력한 벌칙 규정을 다시 만들 수밖에 없었다.

13세기 빈에서는 이런 일도 있었다. 도박에 대한 관청의 감시가 따르자 한동안 도박이 사라진 것이다. 도박이 없어졌다고 안심하고 있던 차에 제보가 들어왔다. 오스트리아 빈의 교회 근처에 있는 공동묘지를 은신처로 삼아 도박을 즐긴다는 제보였다. 관청은 즉시 낌새를 알아챘고 1276년부터 공동묘지에서 도박하는 것을 금지시켰다. 그렇지만 별 성과가 없었다. 그러자 1296년 알브레히트 1세가 나서서 강력하게 대응했다. 당시 공동묘지 부근에서 빈둥거리며 주사위 도박을 일삼던 사람들은 일제히 쫓겨났다.

다시 1435년의 오스트리아 빈을 보자. 이때는 주사위 놀이를 하는 동안 감시자를 두었다. 주사위 놀이는 주로 주점에서 했는데 주점 주인은 돈을 받고 장기와 말판을 빌려주었다. 물론 이것은 당연히 도박이 아니라 오락용이었다. 주점에서 이런 놀이를 했지만 주인이 관청과 손잡고 도박 감시역을 맡은 것이다.

도박을 하다가 들키면 돈으로 벌금을 무는 경우가 대부분이었다. 하지만 노름하다가 전 재산을 날린 무일푼인 사람들에게는 벌금을 받아낼 방법이 없었다. 벌금을 지불할 능력이 없으면 꼼짝없이 감옥행이었다. 이럴 경우 한 달간 감옥에 갇혀야 했다.

벌이 더 엄격했던 곳은 독일의 아헨 지방이다. 남아 있는 문서에 의하면 1483년 감옥살이를 하던 캄멘스짠스Kammenstzans라는 자가 도박꾼으로 붙들려 왔다. 친구들의 간곡한 청에 의해 그는 풀려났지만 관청에서는 그를 그냥 내보내지 않았다. 도박이 얼마나 무서운지 다른 이들에게 알리기 위해서 그의 뺨에 '도박꾼'이라는 낙인을 찍어서 내보낸 것이다. 바젤에서도 유사한 벌을 내렸다. 주사위로 도박하다가 들킨 이들은 노란 뾰족모자를 쓰고 다녀야만 했다. 이 모자에 3개의 큰 주사위를 붙여서 "나는 도박꾼으로 지금 벌 받고 있는 중이요"라는 사실을 드러내게 했다. 1428년 괴팅겐에서는 시에 세금을 50마르크 이상 내는 사람이 도박으로 걸리면 시의 담벼락을 1루테(Rute, 옛날 길이의 단위, 3.77미터) 쌓아야만 했다. 시에 세금을 적게 내는 사람이 걸리면 벌금 대신 성벽을 쌓는 일에 동원되었다.

주사위 놀이가 도박으로 변한 경우가 일반인들에게만 있었던 것은 아니다. 수도자들에게까지 도박 문화가 번지자 교회 내에서는 주사위 놀이와 장기 놀이에 대한 다양한 의견이 나오기 시작했다. 1058년 성 다미아노는 후에 교황이 된 친구 니콜라오 2세(Nicolaus II, 재위 1059~1061)에게 편지를 보내 이런 놀이를 비판했

〈체스 시합〉, 루카스 반 레이덴 그림.

티롤 지방의 박물관에 있는 1270~1600년대에 사용한 주사위들.

다. 교황 그레고리오 7세(St. Gregorius VII, 재위 1073~1085)도 그가 아직 추기경이었을 때 보낸 서한에서, 이런 놀이를 수도자들이 즐긴다는 것에 격분하면서 이들을 죄인 취급해야 한다고 말했다. 만약 주교직이나 추기경직에 있는 사람이 이런 놀이를 한다면 당연히 쫓아내야 한다고 그는 소리를 높였다.

이런 말에 대해서 해당자들은 다른 견해를 내놓았다. "주사위 놀이와 장기 놀이는 엄연히 다르다. 지금까지 교회가 주사위 놀이는 금지시켰지만 장기 놀이에 대해서는 허락했는데 갑자기 왜 그러는 것이냐?" 그러자 성 다미아노가 나서서 "이것이나 저것이나 다 놀음의 일종"이라고 못 박았다. 이처럼 일반인뿐만 아니라 교회 안에서조차도 도박 문제로 골머리를 앓았으니 당시의 도박은 사회의 골칫거리로 보아도 무리가 없을 것이다.

1310년 트리어의 종교회의에 남은 문서를 보면, 정신 건강에 도움이 되거나 여가로 하는 주사위 놀이는 허용했지만 도박으로 흐르는 경우는 절대 허락하지 않았다. 하지만 훨씬 후, 개혁을 추구했던 추기경 니콜라우스Nikolaus von Cues는 1455년의 종교회의에서 정신 건강이나 여가를 선용하기 위한 것일지라도 주사위 놀이는 해서는 안 된다고 일체 금지시켰다. 그렇지만 별 성과가 없었다.

1416년 파리에서 한 사제에 대한 재판이 열렸다. 그는 카멜리트 수도원에 있었던 전직 수도자였다. 어릴 때부터 도박에 심취했던 이 전직 수도자는 그 버릇을 접고 수도원에 들어갔지만 도박의 자유가 제한된 수도원 생활을 견디지 못하고 스스로 옷을 벗고 수도원을 나왔다. 그 뒤 그는 다양한 직업을 전전했다. 군인으로 자원 했다가 다시 어떤 귀족집의 종살이도 했고, 체포되기 전에는 거리 의 음악가 단체에도 들어가 있었다. 그는 이 생활 저 생활 전전하 다가 결국은 강도와 좀도둑질 때문에 법정에 서게 되었다. 처음에 는 놀이로 시작했지만 더 깊게 빠질수록 도박 중독에서 헤어나지 못하는 사람들이 얼마나 많은가. 그러니까 중세에도 오늘날과 마 찬가지로 관청이 개입할 수밖에 없었을 것이다.

중세의 술 문화

우리 말에 "술 때문에 망한다"라는 말이 있다. 적당하게 마신 술 은 은근하게 취하고 기분을 좋게 만들지만 지나치게 마시는 것은 문제가 된다는 말이다. 1000년 전 유럽에서도 술로 인한 다양한 사건사고가 일어났다.

맥주가 만들어진 시기는 대략 기원전 8000년경이다. 와인은 기 원전 4000년경 이집트에서 생산되었으니 술의 역사가 꽤 긴 편임 을 알 수 있다. 술은 인간생활에 없어서는 안 될 필수요소 중 하나 로 자리 잡은 지 오래 되었다. 술이 없는 생일 잔치, 결혼식을 생 각하면 상상만으로도 벌써 무미건조함을 느낄 것이다. 술은 우리 생활에 어쩌면 꼭 있어야 할 그 무엇이지만 도를 넘게 마시고 고 주망태가 되는 경우는 언제나 문제가 된다.

윌리엄 호가스가 술 때문에 일어난 당시의 시대상을 그림으로 표현했다.

이 그림은 사회 비판과 풍자로 유명한 화가 윌리엄 호가스(William Hogarth, 1697~1764)가 그린 것인데, 술 마시고 벌렁 누운 그림 속의 남자 모습이나 주위 풍경이 그때나 지금이나 별반 다를 바가 없어 보인다. 하기야 같은 인간의 오장육부에 같은 알코올이 넘치는데 어찌 다를 수가 있겠는가?

바로 몇 세기 전만 해도 유럽에는 술주정꾼들이 넘쳐났다. 귀족들 주도하에 "적절하게 술 마시기" 캠페인을 벌인 적도 있었다. 이 중 모리츠가 세운 단체를 보자. 이 단체의 회원이 되려면 일단 지난 2년간 음주로 고주망태가 된 전적이 없어야 했다. 회원이 되면 식사 때 술을 일곱 잔 이상 마셔서는 안 되었다. 당시 이런 단체들이 우후죽순처럼 생겨났지만 규정을 지키기 어려웠는지 얼마 지나지 않아서 거의 사라졌다.

1700년경에는 감자로 만든 화주가 문제가 되었다. 화주는 맥주나 와인보다 가격이 싼데다 허기를 채우고 몸을 따뜻하게 해주는 효과가 뛰어난 술이었다. 특히 추운 겨울에는 서민들의 전용 술이 되다시피 했다. 하지만 이 술로 인한 주정뱅이가 늘어나자 판매 금지령이 내렸다. 이 술에 페스트라는 단어가 붙어 '페스트 화주'라고 불릴 정도로 골칫거리가 되었다.

독일의 카이저Kaiser 교수는 중세 유럽의 술 문화를 연구한 학술서를 내놓은 바 있다. 이 연구서는 거의 400쪽에 달하는데 221쪽이 본 내용이고, 168쪽은 주석과 출처, 해석으로 채워져 있다. 책의 거의 반이 주석이니 얼마나 꼼꼼한 연구인지 짐작할 수 있을 것이다. 그의 기록을 살펴보자.

먼저 술이 아닌 술잔에 얽힌 이야기이다. 롬바르드족의 왕 알보인은 쿠니문트의 땅을 빼앗고 그를 죽인 후 그의 딸인 로자문드를 아내로 맞이했다. 하루는 그가 로자문드에게 한 잔의 술을 권했다. 술 한 잔은 별 문제가 아니었는데 그가 권한 잔이 문제가 되었다. 그 잔은 쿠니문트의 해골로 만든 것이었다. 로자문드는 기쁜 척하면서 술잔을 천연덕스럽게 받아들었다. 하지만 속으로는 복수의 칼을 갈았다. 그녀는 572년 6월 알보인을 독살했다.

한스 야곱 크리스토펠(1622~1676)의 축배주에 대한 언급을 보자. 축배주는 말 그대로 축배를 하기 위한 술이다. 그러나 위험한 축배주도 더러 있었다. 한 귀족이 특정한 이에게 하인을 통해 축배주를 전달할 경우 당사자는 그 자리에서 귀족이 보낸 술을 마셔야만 했다. 그렇지만 축배주를 받은 이들 중에 더러는 식은땀을 흘리며 술을 마시는 경우도 있었다. 평소에 둘의 관계가 좋지 않다면 그 축배주에는 독이 들어 있을 가능성이 많았기 때문이다.

사회적인 강요로서의 축배도 있었다. 독일에서 가장 잘 알려진 기념주연(미네트룽켄)은 그리스도교에서는 종교적인 의식으로 이용된다. 술을 함께 마시면서 성인들에 대한 공경과 경배 의미를 첨가한 것인데 특히 성 요한의 이름을 딴 기념주연이 유명하다. 여행을 떠나기 전이나, 전쟁에 나가기 전 귀족들이 꼭 챙기는 기념주연이 종교의식이 된 것에는 특별한 이유가 있다. 중세 사람들은 잔 안에 독이 들었을 경우, 성인이 사전에 미리 알려줄 것이라고 굳게 믿었다. 특히 사제가 축복한 술에는 성 요한의 에너지가 스며 있기 때문에 독이 제거되었을 것이라고 믿었다. 이런 해석은 순전히 특정 종교의 신앙일 뿐이지만 중세인들은 이를 철석같이 믿었다. 기념주연을 여는 사람들이 한두 명이 아닐 텐데 아무리 성인이지만 그 많은 술잔을 어찌 다 컨트롤 할 수 있었겠는가? 전쟁에 참전하는 이들에게 영육간의 평화와 안정을 주기 위한 방편으로 성인의 이름을 갖다 붙인 것으로 생각하면 될 것이다. 이런 기념주연을 열어 함께 술을 마시면 사고나 죽음을 모면할 수 있다고 믿는 사람도 있었다. 특히 농민들은 흉작을 피할 수 있다고 믿었다. 다른 한편으로는 이별주, 화해주 등으로 발전하면서 오늘날까지 통용되고 있다.

수도원에서 일어난 이야기도 전해진다. 10세기에 오토 1세가 레겐스부르크의 한 수도원을 방문했을 때의 일이다. 수도원장인 엠머람이 한 수도자의 뺨을 세차게 갈겼다. 황제가 참석한 주연임에도 불구하고 그 수도자가 술을 끝까지 거부했기 때문이었다.

다굴프라는 한 수도원 원장의 이야기도 전해진다. 그는 수도자였지만 술에 취해 남편이 있는 여인과 즐기다가 결국 여인의 남편 손에 죽었다. 그것도 도끼에 맞아 숨졌다. 술 때문에 일어난 일들인데, 오늘날의 사고사와 다를 바가 없다. 이런 세세한 부분까지 기록해 놓은 이들의 기록 문화가 놀라울 따름이다.

카이저 교수는 그의 저서에서 "만취와 폭력은 한 쌍"이라고 언급했다. 술에 취해 폭력을 휘두르면 대개는 법정에 서게 되기 때문이다. 평민들이 이런 짓을 했다면 아마 흔적도 없이 사라졌을 것이다. 해서는 안 될 이들이 저지른 일은 세간의 입에 자주 오르내리고 역사서의 기록으로도 남게 마련이다.

다음은 경쟁이나 하듯이 죄라는 죄는 다 지었던 두 주교의 이야기이다. 여기에 술이 빠질 수 있겠는가? 579년 한 주교가 술과 여자를 끼고 살다가 결국은 종교회의에서 고발을 당했다. 주교 옷을 벗은 것은 물론이고 그는 감금까지 당했다. 소이쏜스Seussons라는 주교도 마찬가지였다. 수년간 술을 마시다가 알코올 중독자가 된 그는 결국 주교직에서 쫓겨났다.

술독에 지독하게 빠졌던 이들의 죄 값을 적은 책이 소위 '참회책'이다. 술 때문에 얼마나 많은 문제가 생겼는지 가늠할 수 있는 흔적서의 일종이다. 술독에 풍덩 빠졌던 사람들은, 사제일 경우 40일 단식, 수도자(수사, 수녀)는 30일 단식, 일반인은 15일 단식으로 속죄해야 했다. 그나마 술독에 덜 빠진 수도자는 7일간 물과 빵만 허락되는 준 단식을 허락받았다. 여기에서 빠질 수 없는 것이 70일간의 고기 금식이다. 일반인의 경우는 맥주를 마실 수 없는 정도의 경고 조치에서 끝나는 경우가 많았다. 특이한 점은 술을 권한 사람에게도 벌을 내렸다는 것이다. 다른 사람에게 나쁜 의도로 술을 권했다면 그는 40일간 단식을 따놓은 당상이었다. 본인이 술을 마시는 것보다도 남에게 술을 권한 것이 더 큰 죄라는 사실이 놀랍기만 하다.

술 때문에 장애인이 된 서글픈 사연도 전해진다. 1274년 10월

9일 파리에서 일어난 사건이다. 4살 된 소녀 기프라인이 성 메리 사제관 앞에서 공놀이를 하다가 그만 공을 놓쳤다. 공은 술이 한창 익고 있는 와인 지하실로 굴러들어 갔다. 기프라인도 공을 따라 지하실로 들어갔다. 얼마 후 지하실에서 발견된 기프라인은 마치 죽은 아이처럼 누워 있었다. 이 소녀의 의식을 되돌리고자 많은 시도를 했지만 별 차도가 없었다. 마지막으로 소녀의 어머니가 촛불을 켜고 간절한 기도를 올렸다. 하늘에 이 기도가 전달되었는지 아니면 서서히 취기에서 깨어났는지 소녀는 다시 의식을 회복했다. 하지만 이후 그녀는 사시가 되어 버렸다.

또 다른 경우를 보자. 1484년에 살았던 두 정육업자의 이야기이다. 이들 중 한 사람이 아무 생각 없이 한창 와인이 숙성중인 저장고로 들어갔다. 먼저 들어간 이가 나오지 않자 다른 이도 확인하러 뒤따라 들어갔다. 그런데 둘 다 지하실에서 나오지 않았다. 두 사람은 지하실에 팽배해 있는 숙성중인 와인 공기에 질식해 목숨을 잃은 것이다. 중세에는 지하실에서 술이 숙성되고 있을 때는 하인들도 출입을 꺼릴 정도였다. 생명을 잃을 위험 때문이다.

유명한 신학자 아우구스티누스의 어머니인 성녀 모니카가 어렸을 때의 이야기이다. 소녀 적부터 집안 어른들의 심부름으로 와인을 가지러 자주 지하실에 들락거린 그녀에게 습관이 하나 생겼다. 가져온 통에 와인을 다 채운 뒤 지하실에서 머물며 혼자 술 마시는 일을 반복하게 된 것이다. 늙은 하인이 이 소녀가 술 중독이 될지도 모른다는 사실을 우연히 알아차려 이를 막은 덕분에 소녀 모니카는 술꾼이 되는 것을 면할 수 있었다.

빈노흐라는 사제 이야기도 빠뜨릴 수 없다. 그는 깊은 골짜기에서 가죽 털만 걸친 채 청빈한 은수자 생활을 하고 있었다. 그런데 어느 날부터 사람들이 그에게 술을 갖다 주기 시작했다. 그는 조금씩 술을 입에 대다가 술맛을 알았고, 끝내 주정뱅이가 되어 버렸다. 이 사실을 안 사람들이 그에게 더 이상 술을 갖다 주지 않자 그는 칼을 쥐고 난동을 부리기 시작했다. 보다 못한 사람들이 그를 감금했고, 그는 2년 후에 죽었다. 청빈한 은수자가 술 때문에 인생을 망친 것이다.

독일의 로텐부르크에도 술에 얽힌 이야기가 전해진다. 1631년에 가톨릭 편에 속한 황제의 군사가 틸리 장군의 지휘 아래 로텐부르크로 쳐들어 왔다. 당시 로텐부르크는 신교로 득세하던 곳이었다. 로텐부르크 시민들은 스웨덴 군인들과 합세해 싸웠지만 황제 직속 군사들에게 패배하고 말았다. 틸리 장군의 군사들은 시를 약탈하고 여인들을 강간하기까지 했다. 그리고 엄청난 전쟁 벌금을 부과한 뒤 시민들을 죽이겠다고 으름장을 놓았다. 벌벌 떨던 시민들은 미인계를 동원해 보았다. 시장의 딸인 어여쁜 베졸트가 몇백 명의 여인들과 아이들을 데리고 나타나 틸리 장군에게 살려 달라고 간청했지만 받아들여지지 않았다. 이때 빈터바흐 시장이 나서서 커다란 술잔에 와인을 부어 틸리 장군에게 권했다. 장군도 받아 마시고 그의 부하들도 마셨다. 그때 틸리 장군이 반은 장난삼아 말했다. "시 의원 중 누가 나서서 이 많은 술을 '단숨에' 다 마시면 신교 시민들의 목숨을 살려주겠다."장군은 실현 불가능하다고 여기며 던진 말일 것이다.

모두들 주저하고 있을 때 로텐부르크의 전 시장 게오르그 누쉬가 용감하게 나서더니 자기가 이 술을 '단숨에' 다 마시겠다고 자청했다. 사람들은 한편으로는 안도감과 한편으로는 호기심 어린 눈빛으로 그를 바라보았다. 술병을 든 그는 쉬지 않고 10분간 '단숨에' 그 술을 다 마셨다. 그 이후 그는 3일 밤과 낮을 꼬박 죽은 사람처럼 깨어나지 못하고 잠을 잤다. 장난으로 던진 틸리 장군의 제안이 그의 눈앞에서 진짜로 실현되어 버린 것이다. 틸리 장군도 어쩔 수 없이 주민들을 살려줄 수밖에 없었다. 그 이후 로텐베르크에서는 게오르그 누쉬를 기념하는 와인 마시기 축제가 해마다 열리고 있다.

술에 얽힌 이야기를 하나 더하고 이 단락을 마무리 하자. 2010년 하노버 중심지에서 한 여인이 불시에 알코올 검사를 받았다. 당시 51세의 유명한 독일 신교의 여주교인 마르고트 퀘스만Kaessmann이었다. 테스트 결과 그녀에게서 운전해서는 안 될 알코올 수치가 검출되었다. 술을 마시고 어떤 이유로 운전했는지는 모르지만 독일에서는 매우 드문 일이었다. 그녀가 벌금을 문 것은 당연하다. 벌금은 그녀의 한달치 월급이었다. 그녀는 10~12개월간 운전정지를 당했고 당연히 운전면허증도 빼앗겼다. 이 사건 후 윤리적인 책임을 지고 그녀는 주교직에서 깨끗하게 물러났다. 어찌하다 술 한 잔과 주교직을 맞바꾼 것이다. 중세 때부터 오늘날까지 술 때문에 일어난 일을 살펴보니 그야말로 "술이 원수다"라는 말을 실감할 수 있다.

평민의 장례 문화

중세의 인간 수명은 오늘날에 비해 매우 짧았다. 당시 55세였던 교황 인노첸시오는 "나이 예순까지 살기가 힘들다. 하물며 일흔까지 살기는 더욱 힘들다"라고 말한 바 있다. 오늘날로 보면 '늙은 청춘'이 그때는 '호호백발 노인'으로 취급되었다. 중세에는 40세 이상만 되어도 늙은이로 취급 받았다. 인간 수명이 짧기 때문에 당시 사람들은 장례도 자주 치렀다. 이들이 '실제의 죽음'에 직면했을 때 어떤 절차를 밟았는지 살펴보자.

당시 사람들도 사람의 숨이 끊어지면 영혼이 육체를 떠난다고 생각했다. 어떤 사람이 사망하면 창문을 활짝 열고 죽은 영혼이 하늘나라로 훨훨 잘 떠나게 하는 게 일차적인 일이었다. 그러고 나서 죽은 사람의 눈과 입을 즉시 닫았다. 열린 입과 눈으로 영혼이 다시 들어가지 못하게 막는 행위였다.

다음 차례는 교회에 맡겼다. 교회에서는 사람이 죽었다는 것을 종으로 알렸는데 종소리의 울림, 간격 등을 통해 사람들은 누가 죽었는지 알아차릴 수 있었다고 한다. 종소리는 물론 공짜가 아니었다. 후에 돈으로 환산되어 장례식 비용에 포함되었다.

귀족 도로테아 폴하이머Dorothea Polheymer가 1426년 장례비로 지불한 금액이 기록으로 남아 있다. 그는 영가 노래를 불러준 사람에게 4실링, 시신의 보초를 선 사람에게 12자루의 초와 50페니히, 수도원장이 올린 미사 비용으로 10페니히, 일반 미사를 네 번 드리는 비용으로 7페니히, 사제 설교비로 8페니히, 시편 찬미가를 불러준 사람에게 6페니히, 교회 종소리 값으로 20페니히를 지불했다. 이 값을 합하면 1푼트 52페니히이다.

이 돈의 가치를 당시 집짓는 마이스터의 월급과 비교하면 마이스터의 반달 간 수입과 맞먹는 비용이다. 죽은 이들 덕분에 교회 수입은 짭짤해졌지만 가난한 이들에게는 장례비가 큰 부담이 될 수밖에 없었다.

장례의 다음 절차는 손톱을 깎고 씻긴 시신에 새옷을 입히는 일이었다. 이들은 시신에 흰색 옷을 입혔다. 중세에는 흰색이 부활을 상징하는 색이었기 때문이다. 살아생전에 수의를 미리 마련해둔 사람들은 성지순례를 갈 때 반드시 수의를 챙겨 갔다고 한다. 성인들의 성스러운 에너지를 수의에 담고자 하는 간원 때문이었다. 들고 간 수의를 성인의 유물에 접촉하는 것만으로도 성인의 도움으로 천국에 도달할 수 있으리라고 믿은 것이다.

시신에 옷 입히는 일은 주로 결혼하지 않은 가난한 여인이나 과부가 사례금을 받고 했다. 이들을 가리켜 '영혼을 위해 기도하는 자매들'이라고 칭했다. 이 여인들은 한 집에 함께 기거하면서 초상집이 생기면 불려가서 장례를 돕고 기도를 해주는 사람들이었다. 중세에는 이런 여인들의 기도를 상당히 중요하게 여겼다. 이런 여인들의 기도가 있어야 천국에 다다를 수 있다고 믿었기 때문이다. 15세기 뉘른베르크에서도 장례식 때 직업 여인들을 동원했다는 기록이 남아 있다. 다른 한편으로는 규정도 있었다. 숫자를 제한한 것이다. 초상집 한 곳에 단지 2명만이 참여할 수 있었고, 장례일로부터 7일간만 무덤에서 기도할 수 있었다. 장례 후 7일 이상 혹은 30일까지 염하는 것은 금지했다.

관 값 또한 상당히 비쌌다. 1436년의 레겐스부르크 자료를 보면 노인 관 값은 22페니히, 어린이들 관은 12페니히에 달한다. 당시로서는 상당한 돈이었다. 가난한 이들이 관 값을 조달할 수 없음은 당연한 일이다. 시신을 입관하면 겨울에는 이틀간, 여름에는 하루 정도, 관 앞에 기도하는 이와 밤을 새우는 이를 두었다. 나중에는 관 옆에서 춤을 추거나, 카드 놀이, 심한 음주를 하는 분위기로 변질되자 밤새우는 이들을 금지시키기도 했다.

특이하게도 중세 사람들은 장례식 때 돈을 주고 사람을 샀다. 장례식에서 슬피 울어주는 여인들인데 이들을 가리켜 '슬피 울어주는 여인들'이라고 했다. 당시 여성들의 전문 직업이라고 할 정도로 이들의 역할은 컸다. 이들은 마치 실제로 그 집의 가족이나 친인척인양 장례식의 슬픈 분위기를 띄우며 울어주는 역할을 담당했다. 직업적으로 울어주는 인위적인 울음일 뿐인데, 남의 장례식에서 가슴에서 나오지도 않는 구슬픈 곡을 하면서 하염없이 울어야만 했으니 요즘의 탤런트보다 더 힘든 직업이었을지도 모른다.

이들이 곡을 하는 규율도 있었다. 처음엔 조율에 맞춰 작은 소리를 신음하듯 내다가, 다시 조금씩 흐느끼고, 그러다 점점 더 크고 구슬프게 곡을 했다. 노련한 경험을 지닌 '슬피 울어주는 여인'일수록 장례식 분위기를 구슬프게 잘 띄웠다. 진짜 가족이나 친지들은 이런 분위기에 쉽게 빨려들어 갔다. 죽은 사람에 대한 별 애처로움이 없어도 이들 덕택에 눈물을 펑펑 쏟는 사람이 많았다.

왜 이런 이들이 필요 했을까? 중세에는 죽은 사람을 떠나보낼 때 최상의 공경이 '구슬프게 울어주는 것'이라고 생각했기 때문이다. 중세 후기로 갈수록 '슬피 울어주는 여인들'의 자리는 그리스도교 수도자들에게 빼앗기고, 여성 전문 직업도 차츰 사양길에 접어들었지만 독일에서는 18세기까지 '슬피 울어주는 여인들'의 직업이 호황을 누렸다.

장례 행렬에는 주로 식구와 친척들이 뒤따랐지만 일당을 받은 일일 고용인들도 따라다녔다. 대개는 가난한 이들이나 어린이, 고아들이었다. 검은 상복을 받아 입은 이들은 장례 대열 뒤로 그냥 따라가기만 하면 되었다. 이런 장례 행렬에 너도 나도 경쟁하다시피 많은 인원을 고용하기에 이르자 1712년, 관청에서는 장례 행렬 뒤를 따라가는 수를 남자 30명, 여자 30명으로 제한하기도 했다.

다음은 매장 절차이다. 대개 교회 주위의 묘지를 사용했지만 예외도 있었다. 자연사로 죽지 않은 이들은 이곳에 묻힐 수 없었다. 독일 베를린의 1391~1448년의 기록에 의하면 사형 당한 114명, 밧줄에 매달려 죽은 46명, 목 베여 죽은 22명, 산 채로 태워진 20

명, 그리고 바퀴에 매달려 죽은 17명은 교회 묘지에 묻히지 못했다. 심지어 산 채로 생매장 된 9명도 교회 묘지에 묻힐 수 없었다. 교회에서 세례를 받지 못하고 죽은 아이들도 마찬가지로 푸대접을 당했다. 교리에 따르면 이런 아이는 원죄가 아직 지워지지 않았기 때문이다. 그러니 당연히 교회의 구성원이 될 수 없다는 결론이었다.

중세에는 페스트 등 전염병으로 죽은 사람들이 넘쳐나면서 대규모의 공동묘지가 생겼다. 죽은 환자가 묻힌 곳은 땅을 깊게 파지 않고 묻었기 때문에 늘 역겨운 냄새가 났다. 장기간 비라도 내리면 땅이 쉽게 패여 시체가 드러나기도 했다. 이런 환경 때문인지 "죽은 사람이 무덤에서 수런거리는 소리를 들었다"는 식의 이야기가 난무하기도 했다.

성인처럼 경건하게 살았던 이들의 시신은 수난을 당하기도 했다. 중세 사람들의 성물숭배 때문이다(필자의 책 『중세의 뒷골목 풍경』 참조). 성인의 유해를 갖기 위해 도둑질을 했고 성물 장사도 등장했다. 성인의 유해 일부를 지니면 마귀를 쫓을 수 있고, 소유한 자체로 행운이 굴러들어 온다고 사람들은 믿었다. 수도자의 시신이 나중에 성인성녀로 추앙받기라도 하면 그 가격은 끝없이 치솟았다. 살아생전엔 무명 화가였다가 죽고 난 후 이름을 날리게 되면 그 화가의 그림 값이 치솟는 것과 같은 이치였다.

귀족의 장례 문화

옷차림새에서부터 귀족 냄새가 뿜어 나오는 이 그림은 그리스-스페인 출신 화가 엘 그레코(1541~1614)가 그린 것이다. 크레타 부근에서 태어난 엘 그레코는 스페인의 펠리페 2세에게 지원을 요청했으나 받아들여지지 않자 궁중 화가의 길을 접고 1567년 베네치아로 가서 유명한 르네상스 화가인 티치아노의 제자가 되었다. 엘 그레코의 그림은 종교적인 신비 요소를 많이 담고 있다. 유명한 신비체험가를 깊이 사귀었기 때문이라고 사람들은 알고 있지만 사실은 성녀 데레사의 책을 통해서 많은 영감을 받은 덕분이라고 한다.

높이 5미터와 폭 3.60미터의 이 그림은 1586~1588년에 그린 것으로, 제목은 〈오르가스 백작의 장례식〉이다. 이 그림에 얽힌 이야기도 전해진다. 종교적인 색채가 짙은 이 그림을 한 수도자가 엘 그레코에게 특별히 주문했는데 그림이 완성되자 수도자는 계약했던 그림 값의 반만 지불하겠다고 말했다. 만약에 엘 그레코가 계약대로 그림 값을 다 받고자 한다면, 그를 마녀 사냥에 몰아넣겠다고 협박을 했다. 정말 반값만 지불했는지에 대한 기록은 남아 있지 않다.

이 작품의 제목이 암시하듯 그림은 지상에서의 종교와 사후의 영혼 문제를 다루고 있다. 주로 검정과 회색빛인 지상에서 한 귀

〈오르가스 백작의 장례식〉, 엘 그레코 그림.

족이 땅에 묻히고 있다. 반대로 윗부분의 하늘은 신비한 영역으로 땅과 대비시켰다. 중세 사람들은 사후 영혼의 문제를 중요하게 생각했다. 이들은 연옥을 거치지 않고 바로 천국에 도달할 수 있는 방법을 알고자 했다. 설령 연옥에 갔다 하더라도 그곳은 잠시 속죄의 장소로 여겼을 뿐이다. 물론 평민들도 이런 교리에 얽매여 있었다. 하지만 돈이 없다 보니 귀족들처럼 따라할 수는 없었다.

귀족의 장례식 절차는 복잡했다. 먼저 길에서 죽은 사람, 또 장지가 먼 곳에 있을 경우이다. 방부제가 발달되지 않은 때라 시체 부패가 잦았기 때문에 귀족들은 몸이 잘린 상태에서 각각 다른 장소에 묻히는 경우가 많았다. 말하자면 죽은 시신의 내장은 내장대로 묻고, 몸은 다른 곳에 묻는 식이라고 스피쓰 교수는 밝혔다. 개인의 인격으로 여겼던 심장을 따로 묻는 경우도 더러 있었다. 이름 하여 '부분 장례'이다. 일반인들이 길가에서 죽으면 바로 그 자리가 무덤이 되지만 '높은' 분의 경우는 사정이 달랐다. 길에서 귀족이 죽어도 천을 감은 그의 시신을 특정한 자리에 묻어줄 정도로 귀족의 장례식은 정중한 절차를 따라 치러졌다.

1190년 십자군 전쟁 때 프리드리히 1세가 죽었다. 그의 시신도 내장과 몸을 분리하여 묻혔다. 성녀 엘리자베스(헝가리의 엘리사벳)의 남편 루트비히 4세는 1227년 풀리아Puglia로 출정하는 십자군에 가담하였다가 9월 11일 이탈리아 남동부 오트란토Otranto에서 전염병으로 사망하고 말았다. 사람들은 그의 시신을 몇 부분으로 나누어 뼈를 추릴 수 있을 때까지 삶아냈다. 그리고 추려낸 뼈들을 마치 살아 있는 제후처럼 조심스럽게 상자에 담아서 운송했다. 이런 시신 행렬에는 기도하는 수도자를 동반시키는 경우가 많았다. 중세에는 이렇게 시신을 가르고 뼈를 추리는 행위를 자주 했던 모양이다. 1299년 교황 보니파시오 8세(Bonifatius VIII, 재위 1294,1295~1303)가 그리스도교의 경건성에 어긋난다며 이런 작업을 금지시켰다는 기록이 등장한다.

프리드리히 3세(Friedrich Ⅲ, 1415~1493)는 왼쪽 다리에 이상이 생겼다. 금 보자기로 다리를 감아 보았지만 아무 소용이 없었다. 그의 발과 무릎이 점점 더 시커먼 빛을 띠면서 감각을 잃어가자 의사들이 한쪽 다리를 마취제 없이 잘라냈지만 그의 죽음을 막지는 못했다. 그의 죽음은 다리 절단에 있지 않고 수술 후 잘못 먹은 과일 때문이라는 말도 있다. 아무튼 그의 심장과 내장은 린츠에 묻혔고, 다리 하나 없는 그의 시신은 빈에 묻혔다. 그의 완전한 무덤은 1513년에 만들어졌다.

신성로마제국 황제 하인리히 7세는 1313년 나폴리에서 말라리아로 죽었다. 그는 1311년에 죽은 아내의 무덤 옆에 자신의 심장을 묻어 달라고 유언했다. 나머지 시신은 피사로 옮겼는데 무더운 여름이다 보니 시신을 옮기는데 애를 먹었다. 교통이 발달하지 않은 시대여서 장기간 옮기는 도중 시신이 부패하기 시작하자 사람들이 역겨운 냄새를 참지 못하고 시신을 태운 뒤 옮겼다는 기록이 남아 있다. 700년 후 이 사실이 확인되었다. 1921년 피사에서 황제의 무덤을 열게 되었는데 정말 그의 허벅지뼈와 등뼈가 탄 상태였던 것이다. 15세기부터는 방부보존술이 발달하면서 시신을 전보다 오래 보관할 수 있게 되었고 그 뒤로 왕의 장례는 더욱 성대하게 치러졌다.

귀족과 왕족은 죽은 뒤 사후세계를 살아 있을 때만큼 중요하게 생각했다. 유언을 통해 미리 장례 문제를 언급했던 팔츠의 선제후 루프레히트 2세Ruprecht Ⅱ의 경우를 보자. 1398년 1월 6일 그는 고해신부, 궁중경제 담당관이 배석한 자리에서 구두로 자신의 장례의식을 명했다. "내 시신은 흰 수건에 감아달라. 하지만 관에는 넣지 말고 그냥 무명으로 된 긴 치마를 입힌 뒤 묻기를 바란다. 평평한 비석을 하나 놓고 그곳에 십자가 하나만 꽂으라. 내가 지녔던 고가의 보석은 내가 33년간 홀아비로 지낼 때 함께 지낸 세 명의 정부에게 선물하라." 그의 가장 간절했던 원은 그의 사후 영혼을 위해 평생 기도해줄 수 있는 수도원을 찾는 것이었다. 물론 공짜는 아니었다. 반드시 거금을 수도원 기부해야만 했다.

1427년 무역으로 많은 부를 축적한 오토Otto Weiss가 죽으면서 친척과 친구에게 남긴 유언이다. 그는 자기 집을 팔아서 그 값의 반을 가난한 이들을 위해 쓰고, 나머지는 빈의 스테판 교회에 희사한 뒤 그의 영혼을 위해 미사를 올려달라고 부탁했다. 왕족이나 귀족들은 대개 어마어마한 돈이 들어가는 장엄한 장례를 원했지만 루프레히트 2세나 오토 같은 경우는 그래도 간소한 장례를 원했던 이들이다.

그 다음은 죽은 사람을 위한 기도이다. 당시 교리에 따르면 살아생전 악하게 산 사람이 당도하는 곳은 지옥 아니면 연옥이었다. 사람들은 연옥이나 지옥에 가는 것을 두려워했다. 가더라도 가급적 짧게 머물 수 있는 방편을 찾기 위해 노력했다. 그러기 위해서는 살아 있는 사람들이 죽은 자의 영혼을 천국으로 보내기 위한 기도를 올려주어야 했다. 불교의 49재처럼 죽은 사람의 영혼을 달래는 의식으로, 3일, 7일, 30일, 때로는 1년까지 기도하는 날이 있었다. 귀족이 죽으면 온 교구와 수도원에서 30일간의 기도를 바쳐야 했고, 시민들도 죽은 제후를 위해 의무적으로 기도를 바쳐야 했다.

1482년 튀링겐 방백 빌헬름 3세가 죽자 과부 카타리나는 죽은 빌헬름을 위해 30일간 기도를 올리라고 공표했다. 바이에른 지방의 루트비히 7세(1413~1443)는 죽고 나서 30일간 기도로는 약하다고 생각했는지 그의 영혼을 위해 매일 열 차례 미사를 올리게 했다. 매일 20명이 그의 영혼이 좋은 곳으로 갈 수 있도록 노래를 부르고, 그의 무덤 앞에서 16명이 매일 성서를 읽으라고 했다. 이미 언급했듯이 중세 사람들은 죽은 뒤에도 지상에서 끊임없이 기도를 하면 결국 죄 사함을 받고 부활에 동참할 수 있다고 생각했다. 그 덕에 수도원과 교회의 재정은 나날이 풍족해졌다. 한 유명한 독일 신학자의 말이 떠오른다. "신자들은 2000년 전에 죽은 예수의 재림을 기대했지만, 지금까지 도래한 것은 천국이 아니라 교회뿐이다."

부자들은 다른 기도처를 특별히 찾았다. 주로 교회와 수도원이었다. 1400년경 빈 시민들은 죽은 사람들을 위해 서른 번 미사를 청하는 것이 일반적인 관례였다. 부자들은 이것으로는 부족했는지 1000번의 조상 미사를 교회에 바쳤고 더 나아가 영원히 기도가 제공되는 장소를 찾았다. 첫 번째 장소는 교회였다. 물론 많은 기부금을 바쳐야 가능했다. 서양에서는 교회의 제대 아래에 지금도 많은 시신이 묻혀 있다. 그 자리가 신의 축복을 가장 많이 받을 수 있는 곳이라고 믿었기 때문에 귀족들은 이런 명당(?)을 차지하려고 많은 돈을 교회에 희사했다.

두 번째 평생 기도처는 수도원이었다. 지옥과 연옥에서 시달리는 기간을 줄이려면 수도자들이 기도를 해주어야 한다고 중세 사람들은 믿었다. 귀족과 왕족은 많은 돈을 기부하고 수도원에 그들의 사후 영혼을 맡겼다.

1482년 빌헬름 3세가 죽으면서 한 수도원에 부탁했던 서류가 마그데부르크에 남아 있다. 기도 부탁을 받은 수도원이 만약 이런저런 이유로 망자의 기도와 미사를 어길 경우, 수도원 원장은 28페니히와 그에 따르는 이자를 죽은 빌헬름 3세의 후손들에게 지불해야 한다는 조건이 붙어 있다. 당시의 28페니히가 아마도 28억쯤 되지 않을까? 사후 영혼이 죄 사함을 받고 천국에 가기 위한 투자였을 것이다.

1517년 당시의 대부호였던 푸거Fugger 가문에서는 자그마치 1000굴덴을 아우구스부르크의 가타리나 수도원에 기부했다. 돈 단위를 잘 모를지라도 일단 0이 3개붙었으니 큰 액수라는 것은 알 수 있을 것이다. 푸거가에서는 수도원에 가문의 방패를 모셔 달라고 청했다. 가문의 방패를 두고 기도를 바치면 신이 푸거가를 대뜸 알아볼 수 있다고 생각한 것일까?

1410년 빈에 살았던 사람이 유언을 남겼는데, 그는 자신의 영혼을 위해 성지순례를 가 달라고 요구했다. 장소와 회수도 정했다. 로마와 아헨에 각각 한 번, 성모성지에는 다섯 번, 그리고 다른 성지에는 서른 번 가서 자신의 영혼을 위해 빌어 달라고 했다.

죽은 영혼을 위해서 교회에 많은 돈을 희사하고 교회에 성물을 갖다 바치는 물질 공세가 그치지 않자 예수처럼 가난의 정신을 실천하고자 했던 수도원들이 부자들의 사후 기부금 때문에 부를 쌓는 경우가 속출했다. 물질(기부금)과 정신(기도)이 분리된 것이 아니라 이들에게는 물질과 정신이 실과 바늘처럼 늘 따라 다녔던 것이다.

중세 사람들은 왜 이토록 천국행을 소원한 것일까? 모든 근원은 그리스도교의 천국에 대한 교리에서 비롯된다. 마태복음 19장 23절을 보면 "부자가 천국에 들어가는 것은 낙타가 바늘 구멍으로 들어가는 것보다 어렵다"라고 기록되어 있다. 사람들은 그런 교리를 이미 알고 있었지만 인간인 이상 죄를 짓지 않고 사는 것은 불가능했다. 그렇다고 생전에 지은 죄를 본인이 직접 사죄하고 죽기는 더 어려웠다. 그래서 자신은 죽었지만 남은 사람들이 하느님께 끊임없이 기도해 주면 그 죄를 탕감 받고 언젠가는 천국에 갈 수 있으리라고 생각한 것이다.

조상이 천국에 가는지 갈 수 없는지는 지상에 사는 후손들의 몫이었다. 교리에 따라 후손들도 열심히 기도하고 수도원 등에 물질을 많이 갖다 바쳐서 조상들을 천국으로 인도해야 했다. 지금으로서는 도저히 이해할 수 없는 해석이다. 돈 있는 부자는 평생 부자로 살다가 쓰고도 남은 돈을 기부하여 '영원한 미사'를 올리게 하고, 사람을 사서 기도를 시키거나 성지순례를 보내서 조상의 영혼을 연옥에서 빨리 천당으로 보낼 수 있다는 것인데, 그 말을 한치의 의심도 없이 믿었다는 것이 놀라울 뿐이다.

수녀들의 입에서 현시 체험 이야기가 나오자 사람들의 사후세계에 대한 불안감은 더욱 증폭되었다. 1357년에 죽은 아델하이드 랑만Adelheid Langmann은 죽은 사람을 위해 기도한 수녀였다. 그녀가 한번은 그리스도 현시 체험과 동시에 그녀의 기도 덕분에 연옥에서 구제된 영혼의 수를 발표했다. 한번은 4000명, 다음은 1만 명, 그 다음은 2만 명, 마지막엔 3만 명이 구제되었다고 그녀는 발표하였다.

또 다른 예는 13세기 중반의 멕틸다(Mechtildis, 멕틸디스)라는 수녀의 이야기이다. 역시 그녀도 처음에는 1000명, 그 다음에는 7만 명이 그녀의 기도 덕분에 연옥에서 영혼을 건졌다고 말했다. 또 그녀는 현시 체험 중, 사람을 죽인 중세의 한 학생Scholar이 30년간 속죄를 하는 것도 보았다고 얘기했다(혹은 들었다고 얘기했다). 그가 지상에서 30년을 더 살 수 있었는데 죄를 짓는 바람에 30년을 덜 살았다는 것이다. 그래서 신이 그녀에게 3만 번의 미사를 봉헌해야 그의 영혼을 구제할 수 있다고 말했다는 것이다.

이런 내용은 종교 교리의 망상으로 여겨질 뿐이다. 진짜 신 또는 예수라면 한 수녀 앞에 나타나 돈으로 구걸한 영혼만을 천국으로 끌어 올리지는 않았을 것이다. 필자는 그녀가 수녀로서 현시 체험을 한 것이 아니라 수도원이 만든 돈 장사―죽은 사람들의 미사를 올려주는―에 이용된 것이 아니었을까라는 대담한 의문을 가져본다. 가난한 사람들은 살았을 때도 암담한 인생이었을 터인데, 죽은 뒤에도 기도 부탁을 못해 거적 하나 덮고 연옥에서 떨고 있어야 한단 말인가? 교회에서 돈을 벌 목적으로 사후세계에 대한 공포를 더 부추긴 것이 아닌가 싶다.

사후세계에 대한 공포를 이런 식으로 조성하자 사람들은 죽은 후의 영혼을 더욱 걱정하기에 이르렀다. 점쟁이로부터 좋지 않은 말을 우연히 들었을 때 이상한 기분이 드는 것과 같은 이치일 것이다. 사람들은 죽음 뒤의 세계를 두려워하고 공포에 떨기 시작했고, 돈이 생기면 너도나도 교회에 가서 미사를 올려 달라고 하기 바빴다. 한 신부의 이야기를 통해서도 죽은 사람을 위한 미사가 얼마나 중요했는지 알아볼 수 있다.

교구 소속의 한 신부가 주교로부터 고발당하고 신부 자격을 박탈당했다. 그가 '매일 죽은 사람을 위한 미사'를 올렸기 때문이다. 죽은 사람을 위한 미사를 올린 것이 왜 죄가 된다는 말인가? 죽은 영혼을 천국으로 인도하는 것이 왜 잘못이란 말인가? 그의 죄는 '매일', 즉 지나치게 자주 미사를 올렸기 때문이었다. 신부를 해고한 페트루스Petrus von Cluny 주교가 어느 날 무덤 앞을 지나갔는데, 죽은 사람들이 머리를 쳐들고 무덤에서 일어나 그에게 말했다. 요약하면 죽은 사람을 위해서 미사를 올리지 않는 페트루스보다는 우리를 위해 미사를 올리고 쫓겨난 그 신부가 훨씬 낫다고 한 것이다. 이런 체험을 하게 되자 페트루스 주교는 해고한 신부를 다시 교회로 불러들였을 뿐만 아니라 그 역시 죽은 사람을 위한 미사를 올리기 시작했다는 것이다. 이 이야기에는 시대적인 풍자가 들어 있다. 죽은 사람에 대한 배려가, 즉 천국에 가는 문제가 얼마나 중요했는지 이를 통해 엿볼 수 있다.

수도원도 마찬가지였다. 가난한 정신으로 출발한 수도원이었지만 천국행 티켓을 따기 위해서 많은 부자들이 돈 보따리를 들고 오니 어쩔 수 없이 부자 수도원으로 변질될 수밖에 없었던 것이다. 종교가 부유해지면 답은 뻔하다. 수도자들의 정신은 비례해서 나태해질 수밖에 없다.

다시 장례식 이야기로 돌아가자. 귀족들은 죽을 때 자선을 베푸는 유언을 자주 했다. 죽고 난 뒤 지옥이 무서웠기 때문이다. 그렇다 보니 귀족의 장례식 기간 동안 가난한 이들은 배부르게 얻어먹고 즐길 수 있었다. 뒷골목의 가난한 인생들은 일생에 두 번 배불리 얻어먹는 기회가 있었다. 한번은 부자들의 결혼식, 다른 한 번은 귀족들의 장례식 때였다. 이들은 결코 공짜로 얻어 먹지는 않았다. 배불리 얻어먹는 대신 죽은 제후를 위해 기도하는 것을 빠뜨리지 않았다.

루트비히 7세는 자신의 장례식 때 1000명의 가난한 이들을 매일 불러 음식을 제공하라고 유언을 남겼다. 자식들에게 유언을 남기면 후손들도 이를 어기는 경우가 거의 없었다. 조상이 잘 되면, 자식이 잘 되고, 나중엔 후손도 잘 될 것이라고 생각했기 때문이다. 알브레히트의 장례식에서는 3일 동안 1500명의 거지를 대접했다. 음식뿐만 아니라 맥주까지 제공했고, 그들이 돌아갈 때는 용돈까지 일일이 쥐어주었다. 귀족 울리히의 장지에서는 거지 3500명을 대접한 기록이 남아 있다고 스피쓰 교수가 밝혔다. 그렇지만 이 음식은 정식으로 제공한 것은 아니었다. 귀족들이 먹다 남은 음식이었기 때문이다. 그래도 가난한 이들 입장에서는 그림의 떡이 현실화된 그야말로 진수성찬이었을 것이다. 오늘날 호텔에서 여섯 차례 음식이 나와도 거창하다고 하는데 중세의 장례식에서는 하물며 스물세 차례에 걸쳐 음식이 제공되었으니 그 호화로움은 여기서 다 옮기지 못할 정도이다. 결코 자비심이 넘쳐서가 아니라 산 자들의 기도를 통해서 죽은 귀족이 빨리 천국에 다다르기 위한 방편이었지만 말이다.

장례식에 빠질 수 없는 것이 조문객이다. 귀족은 막강한 힘과 권력을 자랑하면서 호화판 조문을 했다. 특히 우리말로 "정승이 죽었을 때가 아니고 정승 개가 죽었을 때"는 더했다. 앞으로 관계의 여지가 더 남아 있으니 말이다. 독일 사학자 스피쓰 교수에 의하면 프리드리히 2세는 1471년 한 귀족의 장지에 믿지 못할 어마어마한 숫자를 거느리고 나타났다. 그는 4500명의 사람과 1902마리

독일 카셀에 있는 장례문화 전시박물관에서 직접 찍은 그림.
위와 아래 모두 같은 장례식에 참석한 사람들의 긴 행렬이다.

의 말을 동원했다. 기도를 해줄 557명의 수도자들이 포함된 숫자였다. 1476년 팔츠의 선제후 프리드리히 1세의 장례식에는 8명의 제후, 17명의 수도원장, 600명의 수도자가 참여했다. 당시의 자가용이었던 말은 3500마리까지 동원되었다.

장례 행렬도 잠시 보자. 이들은 낯선 사람을 사서 일일 고용했다. 1509년 바이에른의 알브레히트 4세는 일당을 지불한 50명의 가난한 이들에게 검은 옷을 입혔다. 이들은 손에 촛불을 들고 장례 행렬의 뒤를 그냥 따라가기만 하면 되었다. 3개의 촛불을 말머리에 장식했을 정도로 호화로운 장례 행렬이었다.

이렇게 천국과 부활을 염원한 중세 귀족들의 영혼은 지금 어디에 가 있을까? 그들은 아직도 무덤에서 교리에 따른 그 부활을 기다리고 있을까? 아니면 무덤에서 목 빼고 기다렸지만 오지 않는 부활에 지쳐서 이제는 포기하고 있을까? 어쩌면 우리 현대인들도 이런저런 보이지도, 들리지도 않는 유사한 관습의 매듭에 묶여 있을지도 모른다는 생각이 든다. 종교의 영역, 문화의 영역, 학문의 영역, 과학의 영역까지 두루 포함해서 말이다. 우리는 보이는 빙산의 일각을 늘 전부인양 생각하기 쉽다. 이런 무지는 인류사에 늘 존재해왔다. 중세 유럽의 귀족이 사후를 위해 그렇게 많은 돈을 투자했던 것도 한 시대를 지배했던 당시의 지옥, 연옥 그리고 부활 교리 때문이었다.

몇 년 전 교황 요한바오로 2세(Joannes Paulus II, 재위 1978~2005)가 서거했을 때, 독일에서도 며칠 내내 그에 대한 방송을 했다. 텔레비전에 나온 이들은 하나 같이 교황이 돌아가신 것을 아쉬워하기만 했다. 당시 필자는 의문이 생겼다. 어느 누구도 왜 "그분이 드디어 성서에 있는 천국에 드디어 가셨다"라는 말을 하지 않는 것일까? 이런 해석을 당시의 독일 텔레비전에서는 들을 수 없었다.

오늘날에도 지옥과 연옥의 교리는 살아 있다. 하지만 중세만큼의 그런 간절함이 없어서인지 사람들의 믿음이 약해져서인지, 사후세계를 두려워하는 사람은 많이 줄어든 것 같다. 엘 그레코의 그림에 나왔던 오르가스 백작도 죽기 전 천국에 가고 싶었을 것이다. 그는 상응하는 유언을 자식들에게 했을 것이다. 그의 장례 그림에 등장한 이들 역시 죽은 오르가스 백작이 천국에서 부활하기를 염원했을 것이다. 그 뒤 이들도 앞서거니 뒤서거니 이세상을 떠났을 것이다. 여전히 궁금하다. 그림 속에 나타난 오르가스 백작과 그의 장례를 치러준 다른 이들의 영혼은 지금 천국에 가 있을까?

죽음의 춤

1460년경 베른트 노트케Bernt Notke가 그린 〈죽음의 춤〉이라는 그림을 살펴보자. 이 그림은 죽음이 산 자의 삶에 자연스럽게 다가가 소통하는 모습을 그리고 있다. 더불어 삶과 죽음이 둘이 아니라는 것을 표현하면서 죽은 해골이 산 자들과 어우러져 함께 춤추는 모습을 보여준다. 어떤 그림에서는 교황, 황제, 여황제, 추기경, 왕, 수도자 등이 함께 춤을 추고 있고, 또 다른 그림에서는 농부, 젊은이, 처녀 그리고 아이들이 어울려 춤추고 있다. 이들은 지상에서는 주어진 신분질서에 순응하며 살았지만 죽은 뒤에는 지상의 신분에서 완전히 벗어나 어울려 함께 즐기고 있다. 지상에서 근엄한 모습으로 살던 종교인이나 아등바등 살던 평민의 서열은 깡그리 무너지고 권력도, 권세도 땅바닥에 나뒹구는 한 조각의 낙엽처럼 변해 버렸다는 것을 이 그림을 통해 느낄 수 있다. 그림을 통해 당시 항구도시로 번성했던 뤼벡의 모습도 엿볼 수 있다. 신분이 높은 이들은 살아 있을 때는 매우 호화로운 색으로 치장하고 있지만 죽은 뒤에는 단순한 잿빛이라는 것이 인상적이다.

'죽음의 춤'이 생긴 사회적인 배경은 14세기 이래 중세 유럽인들의 연이은 죽음 때문이다. 1347~1353년 날씨 때문에 흉년이 들자 가난한 사람들이 배고픔에 허덕이다 죽어갔고 부자들은 술과 고기를 지나치게 즐기다가 병에 걸렸다. 엎친 데 덮친 격으로 전 유럽에 페스트가 퍼지자, 달리 치료 방도가 없는 이 병에 걸렸다는 이유로 생매장당한 사람도 있었다. 당시 유럽 인구의 3분의 1이 사라져 갔다. 독일에서는 페스트가 7년마다 유행했다. 페스트가 돌면 다른 처방이 없었고 신의 용서를 구하며 기도하고 매달리는 것이 고작이었다 하지만 이런 상황에서도 교리라는 잣대를 들고 사람을 웃기고 울리는 재판이 열렸다.

파다본의 수도자 고벨리누스Gobelinus는 동시대인이었던 틸레만

엘헨Tilemann Elhen von Wolfhagen의 역사서에 "페스트로 죽어간 한 사람 때문에 주민과 교회가 2주간이나 씨름한 이야기가 적혀 있다"고 말했다. 당시 아우구스부르크에 페스트가 번지자 한 남자가 40킬로미터 떨어진 다른 지역으로 살기 위해 도망을 쳤다. 유감스럽게도 그는 도망친 장소에서 페스트에 걸려 죽고 말았다. 전염성이 강했지만 그의 가족들은 시신을 고향으로 모셔왔다. 교회에서는 가톨릭 신자였던 그에게 정식으로 장례미사를 올려주고 주교좌 교회 부근의 축성된 무덤에 묻어주었다. 그런데 며칠 후 이 도시의 주교 안셀모Anselmo가 교리를 들먹이면서 그의 교회 장례식이 무효라고 선언했다. 그가 죽기 전 받은 성사가 교회법으로 무효이며, 죽은 자가 살았을 때 신을 성가시게 만든 사람이었을 뿐만 아니라 고해성사도 보지 않고 죽었기 때문이라고 했다. 전염병으로 언제 어떻게 죽을지도 모르는 환경이었는데도 안셀모 주교는 보이지 않은 신을 위해서 이토록 헌신한 것이다.

그는 남자의 무덤을 다시 파내라고 명했다. 죽은 사람이 영성체를 받고자 했지만 갑자기 죽는 바람에 영성체를 받지 못했을 뿐이라고 가족들이 항변했지만 받아들여지지 않았다. 주교의 뜻에 따라 무덤을 파헤치려고 하자 안 되겠는지 그제야 관청이 나서서 주교의 명을 거절했다. 그가 교리에 따르지 않고 죽었다는 걸 증명하라고 관청에서는 요구했다. 인간의 머리에 입력된 종교 교리가 인간의 삶을 어떻게 지배하는지 엿볼 수 있는 일화이다.

종교개혁가인 존 위클리프(John Wycliffe, 1320~1384)는 종교개혁

〈죽음의 춤〉, 베른트 노트케의 작품.

을 하다가 죄인으로 몰려 죽었다. 사건이 일어났을 때 그는 이미 30년 전 땅에 묻힌 시신이었다. 그런데도 그의 무덤은 파헤쳐졌다. 1415년 콘스탄츠 종교회의에서 무덤을 파내 그의 뼈를 태우라는 새로운 결정을 내렸기 때문이다. 종교개혁을 부르짖었던 그의 책을 태우는 것으로는 성에 차지 않았는지 그의 사후 30년 만에 열린 종교회의에서 이런 결정을 했던 것이다. 당시는 부활을 기다리는 종교적인 믿음 때문에 시신이 훼손되지 않아야 나중에 정상적인 부활을 할 수 있다고 믿는 시대였다. 교황 마르티노 5세((Martinus V, 재위 1417~1431)가 이 결정을 실천으로 옮겼다. 수도자들이 회의 장소에 모여서 이런 결정이나 하고 있었다니! 당시 종교회의에 참석한 사람들이 마침내 교리대로 부활하였는지 궁금하다.

 이런 시대적인 분위기 속에서 '죽음의 춤'은 탄생했다. 이 '죽음의 춤'에 대한 이론은 아직도 분분하다. 한 가지 공통점은 삶의 허망함을 표현했다는 것이다. 특히 15세기 사람들이 삶의 허망함에 대한 경고Wahrung와 가르침Belehrung을 이 그림을 통해서 표현하려고 했다는 것을 알 수 있다. 중세 사람들은 인간이 죽어가는 모습에서 전율과 동시에 허무를 느끼는 경우가 많았다. 이 그림도 그러한 중세의 문화를 반영한 것이다.

 중세 후기를 지나 근대에 들어와서까지도 교회나 공동묘지의 담벼락에는 이런 그림들이 많이 그려졌다. 오늘날은 죽음에 관해 이야기하는 것을 터부시하는 경향이 강하지만 당시는 죽음과 삶을 공공연하게 드러내는 것을 이상하게 생각하지 않았다. 1323년

10월 4일 쾰른의 대주교인 하인리히 2세(1306~1332)가 교부해준 증명서에는 도시의 공동묘지마다 죽은 사람들의 시체에서 풍기는 역겨운 냄새가 진동하니 무덤을 성 바깥 외곽으로 이장하라는 지시가 적혀 있다. 14세기 중엽 페스트로 인한 전염병을 겪고 난 뒤 인생무상을 표현한 것이라고 생각한다.

 죽음을 자연스럽게 묘사한 이런 그림들도 사실은 죽음에 대한 사람들의 두려움을 표현하고 있는 것일지도 모른다. 중세의 죽음은 페스트만이 아니었다. 광장에서는 늘 마녀 재판이 열렸고, 재판 후에는 끝없이 사람을 태워 죽였다. 당시의 이런 사회적인 환경에 회의를 품었던 사람들은 경계가 없을 정도의 환락에 빠져 들어갔다. 생의 의미를 잃어버렸다는 표현이 더 적절할지도 모른다. 따라서 '죽음의 춤'은, 오히려 죽음의 근원을 더 묵상하면서 생의 의미를 되새겨보자는 의미로 해석할 수 있을 것이다. 울름, 프라이부르크, 스위스 바젤에서도 이런 그림들이 그려졌고, 가면 갈수록 다양한 테마와 아이러니한 표현들이 쏟아져 나왔다.

부록

독일의 성씨에 남아 있는 중세의 직업군

음악가 바그너의 조상은 중세의 운송, 교통기관 종사자이거나 수레바퀴와 연관성이 있는 수레목수를 직업으로 가졌을 것이다. 후에 바그너들은 농업 경영에 관여했고, 수확, 탈곡 등 농기계화에 참여했을 것으로 보인다. 오늘날로 치면 바그너의 조상은 자동차 회사를 소유한 것으로 볼 수도 있다.

중세에는 '비주류 인생' 내지는 '저급 직업군'이 많았다. 사람의 목을 쳐 죽이는 사형집행인, 이들의 유일한 이웃사촌이었던 동물 껍질 벗기는 박피공, 시에 고용된 매춘부, 떠돌이로 거리에서 연주하면서 사는 거리의 악사, 동아리로 뭉친 도둑단체, 어찌하면 구걸을 많이 할 수 있을지 갖은 궁리를 하고 다닌 거지, 부랑인, 노숙자 등 이루 헤아릴 수 없었다. 평생 죽은 이를 위한 무덤을 파는 사람이 있는가 하면, 재주 부리는 동물을 데리고 다니는 떠돌이 약장수, 거리에서 이빨 고쳐주는 사람, 길거리에 자리를 펴고 지나가는 행인들을 은근슬쩍 속여서 돈을 긁어내는 야바위꾼, 그리고 등에 봇짐을 진 사람들이 이 골목 저 골목을 누비고 다녔다.

이들은 주로 그릇이나 옹기, 항아리, 바구니를 등에 지고 다녔다. 아니면 빵을 등에 지고 팔러 다니는 사람, 고물을 모으러 다니는 사람, 냄비 땜질을 해주는 사람, 돼지고기 썰면서 돈을 번 사람들이었다. 그 중에 좀 나은 일을 하는 사람들도 있었다. 밤과 낮이라는 영역을 넘나들면서 일하는 야경꾼들과 이집 저집 다니면서 굴뚝 청소를 하는 사람들이었다.

정착형 직업인들 중에는 종이를 만들어 파는 사람, 가죽 끈 만드는 사람, 목욕탕에서 남의 시중을 들어주는 종, 높은 분들을 위해 하루 종일 대기상태로 살아가는 몸종, 집안에 박혀서 종일 베를 짜는 사람, 신발을 깁는 사람들이 있었다.

사실 이들은 사회 구석구석에서 꼭 필요한 존재들이었다. 하지만 존경은커녕 늘 푸대접을 받았다. 이들을 보는 사람들의 시선도

곱지 않았고, 심지어는 비윤리적인 인간으로 분류하고 이름도 '저급 직업군'이라고 칭했을 정도이다. 이들 역시 처음부터 이런 직업으로 살려고 하지는 않았을 것이다. 고정된 신분을 대물림 받았으니 이 신분을 끌어안고 살 수밖에 없었을 것이다. 그렇지만 세상에는 영원한 것이 없다. 중세 후기로 갈수록 도시가 발달하면서 신분 계급이 해체되고 변화의 조짐이 일었다. 푸대접을 받고 살았던 이들 중 부를 축적한 사람들은 하나둘 이런 직업군에서 탈피하기 시작했다. 주로 유리세공업자, 금세공사, 공구 대장장이 등이었다. 특히 이들은 조직을 만들어 큰 소리를 내기도 했다. 바로 그 유명한 길드 조직이다. 이런 조직과 더불어 돈을 많이 벌기 시작하면서 단번에 '저급 직업군'에서 탈피하는 사람도 있었다.

중세의 '저급 직업군'을 다 소개하려면 책 한 권으로도 모자랄 것이다. 이런 이유로 이 책에서는 이들의 성씨를 들여다보는 것으로 직업군을 파악하기로 한다. 성씨에 어차피 직업 냄새가 묻어 있고 이것이 대대로 대물림되고 있기 때문이다. 싫건 좋건 간에 이들의 후손이 지금도 이 성을 물려받아 쓰고 있다. 귀족 가문이라고 해서 처음부터 하늘에서 떨어진 귀족은 아니었을 것이다. 부자 가문 역시 처음부터 부자는 아니었을 것이다. 그들이 첫 조상이 눈물겹게 이루어 놓은 귀족 칭호와 부를 답습한 것일 뿐이다. 반대로 '저급 직업군'을 조상으로 둔 이들도 마찬가지이다. 많은 세월이 흐른 지금, 이들의 자손들이 영원히 그렇게 살아가야 한다는 법도 없으며, 이들 중에는 지금 세계적인 유명세를 타는 이들도 있기 때문이다.

여기서 나우만 교수의 9500개의 성씨와 고트샬트의 2만개의 성씨를 다 소개할 수는 없다. 이 책에서는 중세 직업군들의 성씨와 더불어 기이하고 재미있는 뉘앙스를 풍기며 웃음을 자아내는 성씨만을 소개한다. 이런 성씨들의 번역도 재미를 더하기 위해 명사화 하지 않고 가급적 동사화 하였다. 염두에 둘 것은 위 학자들이 연구한 성씨의 유래 등은 여기서 제외시켰다는 것이다. 즉 성씨의 어원을 밝히고 해석하는 것이 아니라 '순전히 사전적인 뜻'을 중심으로 풀었음을 밝혀둔다.

독일 유명인들의 성씨를 거슬러 올라가면

1984~1994년에 독일 대통령을 지낸 바이체커Weizsacker의 이름은 밀밭(밀포대)이다. 이 성씨도 저급 직업군 중의 하나였던 방앗간이나 물레방아와 연관 지을 수 있다. 혹은 방앗간의 보조 직업인으로 볼 수 있다. 당시의 방앗간은 특이한 곳이었다. 물레방아를 돌려 단순히 방아를 찧는 곳이 아니라 남녀가 은밀히 만나서 성애를 나누던 장소였기 때문이다.

음악가 리하르트 바그너(Richard Wagner, 1813~1883)의 조상은 중세의 운송, 교통기관 종사자이거나 수레바퀴와 연관성이 있는 수레목수를 직업으로 가졌을 것이다. 후에 바그너들은 농업 경영에 관여했고 수확, 탈곡 등 농기계화에 참여했을 것이다. 이렇게 유추해 보면 바그너의 조상은 오늘날로 치면 BMW, AUDI 정도의 자동차 회사를 소유한 것으로 볼 수도 있다.

앙겔라 메르켈 이전 독일 수상을 지낸 슈뢰더Schroeder의 조상은 짐·마차군·마부 직업군에 속한 일을 했을 것이다. 슈뢰더는 수레를 만드는 자, 혹은 가죽 일에 관계되는 직업군이다. 독일 음악가 슈베르트Schbert는 어떤 조상을 가졌을까. 고트샬트 교수에 의하면 가죽신발 만드는 일과 관련 있다. 세계적인 자동차 경주왕 미하엘 슈마허Michael Schumacher의 슈마허는 신발 만드는 수공업자를 지칭한다. 슈마허라고 칭하기도 하고, 신발 만드는 종이라고 표현하기도 한다. 그러고 보니 슈마허와 슈베르트는 친척간인지도 모르겠다.

음악가 브람스Brahms는 그 어원이 아브라함에서 출발하니 종교와 관련이 있을 것이다. 요한 세바스티안 바흐Bach라는 이름은 시내, 작은 개천이라는 뜻이다. 녹색당 당수이자 외무부 장관으로 이름을 날렸던 요시카 피셔Joschka Fischer의 성은 어부 내지는 고기잡이의 뜻을 내포하고 있다.

스포츠계의 영웅들을 보자. 독일의 유명한 축구선수 올리버 칸Kahn은 작은 배나 거룻배를 젓는 조상을 두었을 것이다. 당시에 팔 힘을 기른 조상을 둔 덕인지 그는 세계적인 골키퍼로 이름을 날렸다. 테니스 선수로 유명한 보리스 베커Becker는 고트샬트에 의하면 그 조상이 빵 제조업자이다.

여배우 로미 슈나이더Romy Schneider의 슈나이더는 재단사라는 뜻이다. 요즘이야 일급 재단사는 이름을 날리는 직업군에 속하지만 당시는 '저급 직업군'에 속했다. 세계적인 모델로 이름을 날린 클라우디아 쉬퍼Claudia Schiffer의 조상은 뱃사공 직업군에서 출발했다. 성씨에 천사Engel의 뜻이 담겨 있는 프리드리히 엥겔스Friedrich Engels는 귀한 집안의 출신으로 생각되지만, 막스 베버Marx Weber의 조상은 베를 짰던 중세의 '저급 직업군'에 속했다. 그리고 유명한 철학자 포이어바흐Feuerbach는 불이 났을 때 물을 저장하던 곳이란 뜻이니 그의 조상은 불 끄는 일과 관계가 있었던 것 같다.

다음의 철학자들과 문학자는 사전에 두 가지 유형으로 나온다. 첫째는 단어의 뜻으로 그리고 다음은 인명 자체로 나온다. 철학자 피히테Fichte의 성은 '가문비나무'라는 뜻이고, 칸트Kant라는 이름은 '빵의 껍질 또는 부스러기'라는 뜻이다. 철학자 헤겔Hegel은 '돼지의 수컷, 종축種畜'이라는 뜻이다. 헤르만 헤세Hermann Hesse의 헤세는 '(말 따위의 뒷다리의) 무릎, 무릎관절'과 헤센(지방)사람'이라는 뜻이다. 여기서 우리가 짐작할 수 있는 것은 피히테, 칸트, 헤겔, 헤세 등이 처음에는 모두 사전적인 뜻을 취했을 것이라는 점이다. 후에 너무나 유명하게 되면서 고유명사로 전환된 것으로 보인다. 다시 말하면 이들 유명인들도 처음 단어 뜻에서 풍기는 이름을 조상으로 가졌지만 후에 유명해지다 보니 다시 고유의 이름으로 사전에 올랐을 것이다.

프리드리히 쉴러Friedrich von Schiller의 쉴러는 '방패 만드는 사람 Schildmacher'이라는 의미이다. 프리드리히 리스트Friedrich List의 리스트는 '교묘한 술책'이란 뜻이고 전직 독일 총리 헬무트 콜Helmut Kohl의 콜은 '양배추Kohl'라고 해석할 수 있다.

고트살트에 의하면 히틀러Hitler의 조상은 소금 직업과 관련이 있다(중세에는 소금을 오스트리아에서 많이 생산했다. 잘츠부르크Salzburg라는 말을 분석해 보면 Salz+Burg=소금+성이다. 잘츠부르크 부근에는 소금의 역사가 많이 남아 있고, 소금 때문에 소금 전쟁도 일어났다. 지금도 이 지역에서는 소금이 많이 생산되고 있다).

물론 세상은 달라졌다. 여기서 출신을 굳이 언급한 것은 중세에는 '저급 직업군'들에게 던져진 멸시가 상당했지만 그걸 딛고 훌륭한 직업인으로 성공한 이들이 있다는 것을 보여주고 싶어서이다. 이제는 더 이상 출신을 따지지 않는 세상이다. 심지어 이제는 속담의 해석까지 달라진 시대에 살고 있다. "개천에서 용이 났다"는 "개천에서 용이 날 이유가 없다"로, "낫 놓고 기역자도 모른다"는 "기역자는 아는데 낫은 모른다"로 바뀐 시대이다. '낫'과 '기역자'는 다음과 같이 해석할 수 있다. 누구에게나 교육의 기회가 열려 있는 세상이다 보니 이제 글자를 모르는 사람은 거의 찾을 수 없다. 그러나 자연과는 멀어져 버렸기 때문에 기역자는 충분히 알고 있지만 농사지을 때 쓰는 낫은 오히려 모르는 시대가 되었다는 의미이다. 시대가 달라지니 시대적 배경으로 생겨난 속담의 해석도 이렇게 달라지고 있다. 이제는 "옷이 사람을 만든다"는 말조차 "유니폼이 사람을 만든다"로 변형, 해석이 되는 시대이다.

독일의 재미있는 성씨

1. 출신 지방에 따른 성씨

바이에른(출신)(Bayer), 헤센(출신)(Hesse), 네덜란드(출신)(Hollaender), 빌레펠트(출신)(Bilefeld), 에어푸르트(출신)(Erfurt), 올덴부르크(출신)(Oldenburg), 슈타인바흐(출신)(Steinbach), 슈타인하겐(출신)(Steinhagen).

2. 직업에 따른 성씨

교황(Papst), 수도원장(Abt), 수도자(Moench), 수녀(Nonne), 수녀 만드는(Nonnenmacher), 수녀에서 벗어난(Nonnefrei), 신부/사제(Priester), 고기 써는 사람(Fleischhacker), 고기 자르는/베는 사람(Fleischhauer), 뼈 바르는(Knochernhauer), 소시지 만드는 사람(Wurster), 맥아제조인(Maelzer), 최고통수부(Oehler), 기름 짜는 사람(Oelsschlaeger), 소금 만드는 사람(Salzmann), 대장간 주인(Hammermeister), 양철공장 주인(Blechmeister). 재단사(Schneider), 섬세가공 재단사(Tuchscherer), 염색업자/염색공(Faerber), 양모 터는 직공(Wollschlaeger), 연못 파는 사람(Teichgreaber), 목욕사(Bader), 바 웨이터(Barknecht). 바구니 짜는 사람(Korber/Koerber), 푸줏간에서 일하는 사람(Knochenhauer), 채관장(Schlaegel), 제련자(Schmelzer), 제혁공(Lederer), 피리 부는 사람(Schwegler), 노래 부르는 사람(Singer), 놀이꾼(Spieler/Spielmann), 돌 깨는 남자/석수(Steinmetz), 석궁(Armbrust),

투창/꼬챙이(Spiess), 폭파자/물 뿌리는 사람(Sprenger), 쇠막대기 (Stange), 목수(Zimmermann), 대목장(Jahrmarkt), 우물 파는 사람 (Brunner), 갱부장(Steiger), 세금(Steuer), 토지관리인(Schreiber), 이장 (Schultheiss), 직물/천 만드는 사람(Tuchmacher), 신발수리공(Schuster), 야경꾼(Waechter), 마부(Wagenfuehrer/Wagenknecht), 의사(Arzt), 수레 만드는 사람(Radmacher), 마름꾼(Welker-Walker, 직물이나 섬유 염색과정에 서 염색 직전 단계를 일컬음), 의자 옮기는 사람(Stuhltreager), (냄비나 주전자 의)땜장이(Kessler, 이동해 다니는 업종의 일종으로 구리, 쇠 등 금속을 이용해 생 활기구를 만들고 수리하는 업자), 불난 집 치우는 사람(Brandfeger), 사기 꾼(Gauner), 익살쟁이(Gaukler), 바보멍청이(Narr), 짐승의 떼/무리/도 당/패(Rudel), 소금 걸러내는 사람(Salzbrenner), 수집가(Sammler).

3. 몸 모양을 나타내는 성씨

최고/최대/기초(Haupt), 넓은 몸(Breithaupt), 넓은 머리통 (Breitkopf), 큰 머리통(Grosskopf), 해골머리(Schaedel), 고수머리 (Krausharr/Krauskopf), 잿빛(Grau), 이빨(Zahn), 가슴(Brust), (몸의)배 (Bauch), 허벅지(Schenkel), 긴 다리(Langbein), 굽은다리(Krummbein), 좁은 발(Schmalfuss), 아름다운 발(Schoenfuss), 절룩다리(Hinkerfuss), 뚱뚱보(Dick), 큰(Gorsse), 작은(Klein), 짧은(Kurz), 더 짧은(Kurzer), 긴 (Lang), 더 작은(Kleiner), 더 긴(Langer), 강한(Stark), 대접받침/냄비 의 손잡이(Knauf), 아름다운(Schoen), 더 아름다운(Schoener), 더 빠른 (Schneller), 가장 빠른(Schnellst), 빨리(Schnell), 관절(Gelenk), 검은머리

(Schwarzkopf), 간(Leber), 머리카락(Haar), 심장/마음/감정/정서(Herz), 단발머리(Pagenkopf), 손가락마디/복사뼈/발목관절(Knoechel), 엄지손가락(Daum), 발(Fuss), 손가락(Finger, 여기서 단어 하나를 빼거나 넣어서 변형된 것도 있다. Fingerloos 중에 o 하나만 빼면 '손가락 없는Fingerlos'이 된다). 마지막으로 '몸과 그리고 (모든 것이) 좋다(Leibundgut)'는 전화번호부에서 발견한 이름인데 성씨 치고는 참으로 기이하다.

4. 성격, 습관, 감정, 인명을 표현하는 성씨

곧 일어날(Baldauf), 일찍 일어날(Fruehauf), 나쁜(Boese), 사악한(Uebel), 영원히 좋지 못한(Nimmergut), 유감스러운(Schade), (남에게) 해가 되는(Schaedlich), 걱정 없이 사는(Ohnesorge), 비애/근심/우수/불행(Kummer), 싸움질 하는(Streit), 재산싸움 하는(Hebenstreit), 전쟁(Kriege), 사생아(Liebeskind), 조용한 걸음(Leisegang), 별로 좋지 않은(Schlecht), 솔직한/꾸밈없는/단순한(Schlicht), 위로(Trost), 엎질러진 물컵(Stuerzenbecher), 달콤한(Suess), 우둔한/우매한/무딘(Stumpf), 기쁨에 넘치는/기쁨에 찬(Froehlich), 볼모/인질(Geisel), 볼모로 잡힌 남자(Geiselmann), 정욕에 가득찬/난폭한(Geil), 육욕가/색욕가/호색가/음탕가(Geiler), 호색가 뜰/호색가 안마당/호색가 궁전/호색가 논장(Geilhof), 채찍/회초리(Geissel), 비탄(Jammer), 소매상인/째째한 사람(Kraemer), 성냄/노여움/분노(Zorn), 논쟁/말다툼/불화/시비(Zanke), 미움/원한/증오(Hass), 비애/우수/아픔/불행/근심(Kummer), 마음에 걸림/힘을 다함/걱정(Sorge), 그럼에도 불구하고(Trotz), 아버지(Vater), 삼촌(Vetter), 아들(Sohn), 어린이(Kind), 학장대리(Probst), 어린 소년(Knabe), 말다툼 하는 사람/욕쟁이(Zanker), 공포/전율/혐오(Grauel), 벙어리의(Stumm), 불안정한(Unruh), 여러 부녀자들/여러 마누라들(Vielweib), 여자의 이빨(Weiberzahn), 몸소 스스로/자기 힘으로/자기 자신/자아(Selbst), 신부(Braut), 증조모(Altmutter), 엄마 같은 사람/남의 일을 잘 돌봐주는 처녀(Mueterlein), 난쟁이/작은 요정(Zwerg), 무죄/순진/천진난만(Unschuld), 싸움질(Streit), 배고픔(Hunger), 욕심 많은(Geiz), 희망(Hoffnung), 냉정하고 사려깊은/무미건조한/기백이 없는(Nuechtern), 방종/방자/오만/불손(Uebermut), 딱딱하고 뻣뻣한/서툰(Ungelenk), 믿을 수 없는(Unglaube), 다투기 좋아하는(Unfriede), 불법/치안방해(Unfug), 유대인 배척주의자(Judenfeind), 손자(Enkel), 원수(Feind), 지방을 혐오하는 사람(Landesfeind), 농부를 혐오하는 사람(Bauernfeind), 농담/익살(Spass), 조롱/우롱(Spott), 인척관계(Schwager), 신랑(Braeutigam), 귀족/고상/우아함을 발견한 사람(Adelfinder), 뻔뻔한(Frech), 불평가(Klaeger), 쓰레기/누더기/싸움/논쟁/깡패/부랑자(Hader), 욕설/험담/비방/무례(Schimpf), 정신병원집(Tollhausen), 방풀/유풀/수문로/면죄부(Ablass), 모욕적인 청구/무리한 요구(Ansinn), 보다 나은 것(Bessere).

5. 숫자가 들어 있는 성씨

20(Zwanzig), 100마르크(Hundertmark), 7개의 머리카락(Siebenhaar), 7마리의 닭(Siebenhuehner).

6. 돼지 또는 음식과 관련된 성씨

돼지(Schwein), 돼지잔치(Schweinfest), 돼지고기 머리(Schweinshaupt), 돼지고기 머리통(Schweinkopf), 돼지고기(Schweinefleisch), 돼지고기 다리(Schweinebein), 돼지고기 튀김(Schweinebraten), 돼지고기 수염(Schweinebart), 돼지고기 발(Schweinefuss), 치즈산(Kaeseberg), 유대인 수탉/유대인 음경/유대인 호인(Judenhahn), 나무부리(Baumschnabel), 술잔(Becher), 겨자(Senf), 숟가락(Loeffel), 튀긴 닭고기(Brathuhn), 튀긴 청어(Brathering), 단단한 치즈(Hartkaese), 버터빵(Butterbrot), 식도락가(Schlemmer), 탐식가(Fresser), 청어(Hering), 청어 잡는 사람(Heringer), 청어저장소(Heringhaus), 마늘(Knoblach), 버섯(Pilz), 야채소시지/소금에 절인 양배추소시지(Krautwurst), 과일(Obst), 쇠고기(Riderfleisch), 흰빵(Weissbrot), 달콤한 우유(Suessmilch), 신맛 나는 우유(Sauermilch), 누룩반죽(Sauerteig).

7. 맥주와 관련된 성씨

달콤한 맥주(Suessbier), 맥주 양조자(Bierbraeuer), 맥주공장(Bierbrau), 맥주점 주인(Bierschenk/Bierwirt), 맥주 짐마차꾼/마부(Bierschroeder), 맥주자루(Biersack), 물통주둥이를 위한 맥주(Bierhahn), 맥주/경쟁/격투/씨름/싸움(Bierkampf), 맥주수레(Bierwagen), 따뜻한 맥주(Warmbier), 치즈맥주(Küsebier), 좋은 맥주(Gutbier), 약한 맥주(Dünnbier), 맥주쇼크(Bierschock), 맥주친구/애호가(Bierfreund), 많은 양의 맥주(Mengebier), 신선한 맥주(Frischbier), 신맛 나는 맥주(Sauerbier),

두 개의 손잡이가 있는 물통맥주(Zuberbier), 맥주 주전자(Bierkanne), 사발/대접맥주(Kummbier), 설탕맥주(Zuckerbier), 5월의 맥주(Maibier), 녹색의 맥주(Gruenesbier), 맥주 살인(Biermord), 살인 맥주(Mordebier).

8. 계절과 날씨와 관련된 성씨

월요일(Montag), 금요일(Freitag), 토요일 저녁(Sonnabend), 일요일(Sonntag), 여름 밭(Sommerfeld), 여름철(Sommer), 가을철(Herbst), 겨울철(Winter), 단식 저녁(Fastabend), 좋은 해(Gutjahr), 공기(Luft), 나쁜 날씨(Boesewetter), 공기(Luft), 비(Regen), 눈(Schnee), 천둥(Donner), 뇌우/폭풍(Ungewitter), 태양이 빛나는 날(Sonnenschein), 섣달그믐날(Silvester), (퇴근 후 또는 일이 끝나고) 쉬는 시간(Feierabend).

9. 동물이나 식물과 관련된 성씨

딱따구리(Specht), 공작(Pfau), 검댕이벌레(Russwurm), 늑대(Wolf), 꽃버들(Weide), 과일열매(Fruechte), 벚꽃열매(Kirschstein), 갑각류/가재(Krebs), 암소(Ochs), 여우(Fuchs), 개구리(Forsch), 사슴(Reh), 사슴다리(Rehbein), 벌(Binnen), 독수리(Adler), 참새(Spatz), 여우(Fuchs), 토끼/겁쟁이/약질/바보(Hase), 수탉(Hahn), 모충/구더기/애벌레(Wurm), 새의 노래/지저귀는 소리(Vogelgesang), 공작(Pfau), 벌레(Wurm), 가시고기 종류(Zander), 검은방울새(Zeisig), 비둘기(Taube), 오그랑양배추(Wirsching), 쌀(Reis).

10. 책에 나열된 기이한 나머지 성씨

단추(Knopf), 양말(Strumpf), 시골뜨기/무지렁이(Filz), 귀퉁이돌(Eckstein), 구리못(Kupfernagel), 갑옷/투구(Harnisch), 화살(Pfeil), 주조(Muenzen), 문패(Hausschild), 바이올린(Geiger), 긴 망치(Langhammer), 이끼(Moos), 빗장(Riege), 곰팡이/백마(Schimmel/Schimmelmann), 휘두르기(Schlag), 치는 기구/곤봉/나무방망이/위선자/아첨꾼(Schleicher), 좁은 도보길(Schmalsteig), 굳기름(Schmalz), 아름다운 나무(Schoenebaum), 정조 있는 남성(Schoenemann), 훌륭한 군주(Schoenherr), 정중한 하인/애교 있는 하인(Schoenknecht), 유쾌한 삶/아름다운 삶/바람직한 삶(Schoenleben), 빠름(Schwind), 예의범절/몸가짐/관습/풍속(Sitte), 지붕밑/골방/헛간(Soeller), 거울/규범서/귀감(Spiegel), 목욕실(Stuebe), 작은 연못/저수통(Teich), 마귀(Teufel), 미친/광포한/불합리한/어리석은/멋있는/신나는(Toll), 주사위(Wuerfel), 사막(Wueste), 쪽지/종이조각(Zettel). 눈 깜박거리기/꼬집기/집기/사이에 끼우기(Zwick), 아담(Adam), 도끼(Axt), 정당한/지당한/공정한/저렴한(Billig), 바라는 사람/청하는 사람(Bitter), 그리스도(Christ), 신뢰가 가는(Ehrlich), 경건한(Fromm), 포크(Gabel), 손님(Gast), 입맞춤(Kuss), 모피(Pelz), 좀더 적은 양(Weniger), 희망사항(Wuensche) 숫돌(Wetzstein), 거친/야만인/미개인(Wilde), 모서리/모난 곳(Winkel). 수레바퀴(Raeder), 원천/기원/출처(Ursprung), 친구(Freund), 정원/농장(Gaertner), 경계선(Grenz), 초록색(Gruen), 장사치(Haendel), 영웅(Held), 지하실(Keller), 속열매(Kern), 소나무(Kiefer), 곱슬머리(Krauskopf), 제

국/영토/부유함/돈 많음(Reich), 보릿짚(Stroh), 슬럼/빈민굴(Sulm), 광부(Bergmann), 댐(Damm), 곰팡이 핀 페니히(Schimmelpfennig, Pfennig= 돈 단위), 고리대금업자 페니히(Wucherpfennig, 고리대금업자는 Wucher), 불결하고 추잡한 사람(Schmutzler), 아름다운/예쁜 치마(Schoenrock), 청색치마(Blaurock), 긴 치마(Langrock), 블라우스(Kittel), 면바지(Leinhose), (뾰족)부리(Schnabel), 장화(Stiefel), 뿔신발(Hornschuh), 주인공/영웅(Heldmann), 뭔가 필요한(Bedürftig), 땅/기초/바닥(Grund), 사금이 나는 냇가(Goldbach), 흔적/반점/흔적/오점(Mal), 머리빗(Kamm), 사랑하는 사람(Lieber), 사랑하는 남자(Liebmann), 중세기사단(Templer), 의자(Stuhl), 키스/뽀뽀(Kuss), 성신강림(Pfingst), 연기/증기/허무한 꿈(Rauch), 높은 건물(Stockhaus), 선택/선발(Wahl), 빵집(Backhaus), 건너는 다리(Bruecke), 열/열병(Fieber), 마차(Kutsche), 달력(Kalender), 모서리가 없는(Keinecke), 지하실(Keller), 작은 산(Kleinberg), 삐걱삐걱 소리(Knarr), 국경(Grenz), 푸줏간(Meztger), (날카롭지 않고) 무딘(Stumpf), 마귀(Teufel), 직물의 폭(Tuchbreiter), 요람(Wiege), 기적(Wunder), 속죄하는(Busse), 최고(Beste), 더 센/더 강함(Staerker), 길들(Wege), 신성을 지닌(Goettlicher), 사냥꾼/수렵가/산지기(Jaeger), 기름진 지방(Fett), 그밖에/특별히/임시로(Extra), 네모난 사람(Kantel), 수도원의 저녁기도(Vesper), 신선한(Frisch), 망치(Hammer), 높은 귀족(Hohenadel), 높은 층(Hohenhaus), 오두막집/판자집/천막집/정련소(Huette), 사랑(Liebe), 못(Nagel), 물에 젖은/축축한(Nass), 새둥지(Nastvogel), 정리/정돈/조직화/질서(Ordnung), 웅덩이(Pfluetze), 가

격(Preis), 장신구/나들이옷/장식품(Putz), 중세기사(Ritter), 장미남자(Rosemann), 흰부리까마귀나무(Ruchholz), 시큼한(Sauer), 검은/흑색의/더러운/추한(Schwarz), 승리(Sieg), 대학생조합(Burschenschaft), 제단/등급(Staffel), 돌산(Steinberg), 돌집(Steinhaus), 언제(Wann), 의지/의도/의향/계획(Wille), 방(Zimmer), 안경(Brille), 충성에 대한 맹세(Eid), 물통(Eimer), 마구간/가축우리/외양간(Stall), 물가/강가/바닷가/냇가(Ufer), 같지 않은/어울리지 않는/닮지 않은/가지런하지 않은/평등하지 않은(Ungleich), 총애를 잃은(Ungnade), 밥벌레/잡초/불량배(Unkraut), 한가하지 않은(Unmuessig), 쓸모없는/소용이 없는/헛된(Unnutz), 부적당한/쓸모없고 무능한(Untucht), 타락/부패하지 않은(Unverdorben), 시도하지 않은(Unversucht), 기가 꺾이지 않는/낙담하지 않는(Unverzagt), 시기상조의 때(Unzeitig), 새노래(Vogelsang), 쥐(Maus), 쾌감/쾌락/환희(Lust), 입/주둥이(Mund), 불가피한 것/급박/궁핍(Not), 부주의하여 빠뜨린/건성으로 듣는(Ueberhoerig), 집달리(Pfaender), 반란/큰 비(Putsch), 앙갚음/복수(Rache), 청소하는 사람(Reiniger), 반지(Ring), 강당(Saal), 포대기(Sack), 우정의 신발(Freundschuh), 경범죄(Frevel), 습득물(Fund), 불꽃(Funke), 온전함(Ganz), 실/연사(Garn), 후릿그물로 고기잡는(Gernmeister), 정신/영혼/생명력(Geist), 무기/병기(Gewehr), 힘/권력/위력(Gewalt), 인사/목례(Gruess), 구류/감금(Haft), 대마(Hanf), 주인/군주/지배자/소유주(Herr), 하늘/창공/우주/천상계(Himmel), 꿀(Honig), 뿔(Horn), 개(견)(Hund), 유대인(Jude), 벌거숭이의/털이없는/대머리진(Kahl), 빵 껍

질/부스러기(Kant), 단추/등신/바보(Knopf), 용/비룡(Lindwurm), 결혼잔치(Hochzeit), 도처에/어디에나/언제나(Ueberall), 경주자/내기하는 사람(Wettlaeufer), (옛독일의) 액량단위(Ohm, 예를 들면 유명한 신학자 'Thomas Ohm'), 말쑥한/기분 좋은(Nett), 무일푼(Habenicht), 집의 종/하인(Hausknecht), 가면/검술용 탈(Maske), 자유로움/방해받지 않음/독신(Ledig), 임시변통용의 못(Notnagel), 꼭대기에/대담하게(Obenauf), 위에서 내려온(Oberaus), 고지의 주민(Oberlaender), 과일(Obst), 거세한 황소(Ochs), 계곡/산골짜기/협곡(Tal), 동쪽(Ost), 부활절산(Osterberg), 배의 키/지배권/권력(Ruder), 선회/순환(Umlauf), 경작이 안 되는 곳(Unbehau), 폭이 넓지 않은(Unbereit), 독일인이 아닌(Undeutsch), 이상야릇한/진기한(Seltsam), 콧물(Rotz), 오물/진흙/흑탕물/오두막집/농부집(Kot/Koten), 임시변통(Notdurft), 오줌/소변(Urin), 집시(Zigeuner), 넓지 않은(Unbreit), 긴 돌(Langstein).

| 글을 마치면서 |

중세의 종교와 인간

과거 세대와 지금 세대와의 공통분모를 찾아보면 어느 시대, 어느 나라, 어느 문화권을 막론하고 대부분의 사람들은 태어나고 자란 종교와 문화, 풍속에 순응하면서 살고 있으며, 지금도 그렇게 살아가고 있다는 사실일 것이다. 중세인들도 마찬가지였다. 당시를 살았던 중세인들도 그리스도교 교리를 따르면서도 삶의 희로애락을 즐겼다는 것을 알 수 있었다.

그렇다면 당시의 그리스도교가 과연 중세인들을 자유롭게 했다고 할 수 있을까? 아니라는 답이 대다수일 것이다. 중세인들의 삶을 지나치게 규제한 것이 바로 종교였기 때문이다. 심지어 부부의 성생활까지 교회가 규정하던 시대가 중세였다. 이런 규제와 억압은 분명 그리스도의 본 뜻과는 다를 것이다. 다시 말하면 종교 자체의 본 뜻이라기보다는 교리 때문에 빚어진 일이라고 보는 것이 옳다. 종교 교리는 사람을 때로는 이렇게 부자유스럽게 만들기도 한다.

한 번 더 짚고 넘어가 보자. 각 종교마다 유사한 개념의 천국과 지옥, 연옥이 존재한다. 하지만 엄밀히 말해서 그곳은 어느 누구도 가본 적이 없다. 그야말로 교리 상에서만 존재하는 곳이다. 그러니 이런 교리를 가지고 인간을 옭아매는 것이 종교의 본분은 분명 아닐 것이다.

한 종교가 인간을 자유롭게 하면 할수록 각 종교의 수장인 그리스도나 부처, 알라가 어디에선가 우리를 향해 빙그레 미소 지을 것이라고 생각한다. 어쨌든 이들은 인간의 잣대와 인간이 만든 교리를 초월한 존재이기 때문이다.

하지만 중세 유럽인들은 아쉽게도 위에서 내린 교리에 풍덩 빠져서 헤어나지 못했다는 것을 우리는 객관적인 눈으로 살필 수 있었다. 그렇다면 오늘날의 현대인들은 이런 중세인들에 비해서 어떻게 살고 있는지 비교해볼 수 있을 것이다. 특히 종교의 영역에서 우리는 과연 어떻게 살고 있는지, 이 책을 통해서 한 번 생각해본다면 좋을 것이다.

| 참고문헌 |

A. 브레, 『첫날밤의 권리』, 뒤셀도르프, 2000
A. 발하우스, 『중세의 성과 사랑』, 베르기쉬 글라드바흐, 2009
B. 헤르만, 『중세의 인간과 환경』, 비스바덴, 1996
C. 펠더만, 『힐데가르트 빙엔 수녀 그리고 그녀의 천재성』, 프라이부르크, 2008
C. 푸르고니, 『중세인들이 새롭게 발견한 것들』, 뮌헨, 2005
D. 브로이어스, 『기사, 사제, 그리고 농부들』, 2쇄, 베르기쉬 글라드바흐, 2007
D. 사부라미스, 『종교와 성』, 뮌헨, 1972
E. 엔넨, 『중세기의 여인들』, 3쇄, 뮌헨, 1987
F. C. J. 피셔, 『독일사에 나타난 농부들의 딸의 실증·실험의 밤』, 라이프치히, 1780
G. 덴젤러, 『금지된 쾌락. 2000년간의 그리스도교의 성 윤리』, 2쇄, 뮌헨, 1988
H. P. 뒤러, 『음란과 폭력. 인류문화 과정의 신화에 관하여』, 제3집 2쇄, 프랑크푸르트, 1993
H. P. 뒤러, 『친밀한 태도, 인류문화 과정의 신화에 관하여』, 제2집, 프랑크푸르트, 1990
H. 나우만, 『독일 성씨의 유래와 그 의미』, 슈투트가르트, 1994.
H. 부르노 쉰들러, 『중세인들의 미신』, 프랑크푸르트, 1980
H. 퀸넬, 『후기 중세인들의 일상적인 삶』, 프랑크푸르트, 1987
J. A. 포아기네, 『성인들과 순교자들의 이야기』, 뮌헨, 1988
J. 로씨아우드, 『 중세인들의 성』, 뮌헨, 1989
J. 뮐베르크, 『중세 독일 왕족들의 생활방법과 그 운명』, 에쓰링겐, 1977
J. 붐케, 『귀족들의 문화. 문학과 사회에 나타난 중세인들의 삶』, 12쇄, 뮌헨, 2008

J. 쉐르,『여인들, 귀족녀. 여종-독일 여인들의 문화와 풍속사』, 1쇄, 1860, 드레스덴, 1928

J-J. 하트,『켈트족과 게르만족』, 젠프, 1970

K-S. 스피쓰,『중세 귀족들의 삶』, 다름슈타트, 2008

K. 멤만,『조상숭배. 그리스도가 들어오기 전의 독일의 토속종교』, 에센, 1990

K-P,『얀크리프트:사형수, 창녀, 장사치들. 중세인들의 일상의 삶』, 슈투트가르트, 2008

M. 샤드,『그리스·로마 시대부터 17세기까지 살았던 유명한 여성들』, 비스바덴, 2007

P. 리헤,『카롤링거의 세계』, 2쇄, 슈투트가르트, 1999

R. 레베,『지참금의 왕국들-정략정치의 역사』, 슈투트가르트, 1998

R. 마조 카레스,『중세인들의 성 생활』, 뒤셀도르프, 2006

R. 카이저,『중세인들의 술 문화와 폭력』, 쾰른, 2002

R. 킥헤퍼,『중세인들의 마술·요술』, 뮌헨, 1992

R. 포씨어,『중세인들의 삶』, 4쇄, 뮌헨/취리히, 2009

S. 고트살트,『독일인들의 성씨 연구』, 뮌헨, 1932

S. 오스발트-바르겐데,『정부들, 귀족들과 권력, 역사와 성 시리즈』, 제32권, 프랑크푸르트, 2000

S. 피셔-파비안,『중세 독일 황제들의 승리와 비극』, 다름슈타트, 1977

U. 랑케-하이네만,『하늘나라(천국)를 위한 고자. 가톨릭교회와 성』, 함부르크, 1988

W. U. 후쏭,『헤센지방의 성녀 엘리자베스』, 마르부르크, 1983

W. 괴츠,『중세인들이 살아간 삶의 전기들』, 3쇄, 다름슈타트, 2003

W. 폴커르트,『중세 소사전-A에서 Z까지』, 2쇄, 뮌헨, 1991

M. 바우어,『독일 문화사에 나타난 사랑과 삶』, 베를린, 1924

R. 슈나이더,『1000년 전의 중세 독일인들의 생활 모습은 어떠했는가?』, 5쇄, 아우구스부르크, 2008

중세의 뒷골목 사랑
사랑과 결혼, 의식주를 통해 본 중세 유럽의 풍속사

1판1쇄 발행	2012년 08월 30일
1판2쇄 발행	2017년 10월 10일

지은이	양태자
펴낸이	이영희
펴낸곳	도서출판 이랑
주소	서울시 마포구 독막로 10, 608호
전화	02-326-5535
팩스	02-326-5536
이메일	yirang55@naver.com
등록	2009년 8월 4일 제313-2010-354호

ⓒ양태자, 2012

- 이 책에 수록된 본문 내용 및 사진들은 저작권법에 의해 보호받는 저작물이므로 무단전재와 무단 복제를 금합니다.
- 잘못된 책은 구입하신 곳에서 바꾸어 드립니다.
- 책값은 뒤표지에 있습니다.

ISBN 978-89-965371-8-2-03920

이 도서의 국립중앙도서관 출판시도서목록(CIP)은 e-CIP 홈페이지
(http://www.ni.go.kr/cip.php)에서 이용할 수 있습니다(CIP제어번호:CIP2012003645)